教养红宝书

培养正能量的孩子

马 兰 编著

北京理工大学出版社
BEIJING INSTITUTE OF TECHNOLOGY PRESS

图书在版编目（CIP）数据

教养红宝书：培养正能量的孩子／马兰编著. —
北京：北京理工大学出版社，2016.9
ISBN 978 - 7 - 5682 - 2211 - 2

Ⅰ . ①教…　Ⅱ . ①马…　Ⅲ . ①家庭教育　Ⅳ . ①G78

中国版本图书馆 CIP 数据核字（2016）第 086136 号

出版发行／北京理工大学出版社有限责任公司
社　　　址／北京市海淀区中关村南大街 5 号
邮　　　编／100081
电　　　话／(010) 68914775（总编室）
　　　　　　82562903（教材售后服务热线）
　　　　　　68948351（其他图书服务热线）
网　　　址／http：//www. bitpress. com. cn
经　　　销／全国各地新华书店
印　　　刷／北京中印联印务有限公司
开　　　本／710 毫米×1000 毫米　1/16
印　　　张／15　　　　　　　　　　　　　　　责任编辑／梁铜华
字　　　数／190 千字　　　　　　　　　　　　文案编辑／梁铜华
版　　　次／2016 年 9 月第 1 版　2016 年 9 月第 1 次印刷　责任校对／孟祥敬
定　　　价／35.00 元　　　　　　　　　　　　责任印制／边心超

毕淑敏说："能量有正负，应用需智慧。葡萄糖和汽油是能量，炸药和海啸也是能量。大脑和心灵，需要源源不断的正能量濡养，否则人生将变得灰暗无序……当正能量被持久稳定地制造、储备起来，并能得到有效使用的时候，你就能驱散负能量的黑暗，你的人生就会不断走向精彩。"

充满象征意义的"正能量"一词已经引起了全社会的广泛关注。正能量是人各种正面情绪的集合，它可以使人拥有一个积极的心态，这样的人能将自身的正能量传递给周围的每一个人，让大家都变得乐观、积极、美好。

孩子天性中就携带着各种正能量，家长要善于保护、珍惜这些能量，并引导孩子将正能量发挥出来，传递给周围的人们。

在家庭教育中，注重对孩子正能量的培养，对孩子的成长和发展有着重要的意义。父母作为孩子的第一任老师，对孩子价值观、人生观和孩子的身心健康都有着深刻的影响，父母要教会孩子及时将心理垃圾粉碎，转化为积极向上的动力，开启正能量的神奇之门。

当下，有许多父母都有一个困惑——我们给孩子提供了充足的物质条件，但孩子似乎并不领情，而且心思越来越复杂，不愿与父母交流，做事拖拖拉拉，学习漫不经心，自私自利，缺乏同情心，没有责任感，甚至还出现各种叛逆行为等，这让父母们头疼不已，他们实在是弄不清现在的孩子究竟在想什么，到底想要什么，也不知道该如何让孩子变得阳光、积极，充满正能量。

孩子的问题看似多种多样，其实，归根到底是由两个方面决定的：一是孩子的天性；二是家庭教育，而家庭教育又占据着决定性的作用。

本书提取了五十多个孩子成长需要的正能量关键词，如，正义、分享、乐观、责任、勇气、真诚、幽默、自信、远见、梦想，等等，这些品质是孩子成长中的营养元素，是能够影响孩子一生的关键素质。本书通过对这些关键词的生动解读，再辅以生活案例，为家长指出具体的培养细则，用温和而实际的指导，达到润物无声的效果。书中还设计了"名人语录"模块，借名人之口让家长和孩子们对这些正能量关键词有一个更深刻的体会。

希望本书能引导家长培养出一个正能量满满的孩子，也愿每一个孩子都能带着这份正能量，扬帆起航，驶向美好的未来。

1

第一章　正能量不是"身外物"

积蓄正能量　　认识自己比读懂别人更重要 / 003
释放正能量　　活在当下，敢想敢做 / 007
传递正能量　　世界会发光，只因有我 / 011

2

第二章　正能量树上的"表情符号"

微笑　微笑是一种信号 / 017
真实　真人品源于真实自然地做人 / 021
勇气　等上帝给你运气，不如给自己勇气 / 025
真爱　爱让我们在一起 / 029
满意　追求完美，肯定当下 / 032
正义　维护全社会的共同利益，超级英雄就是你 / 036
分享　分享的过程是一次裂变 / 041
趣味　给生活一点刺激 / 045

3

第三章　培养正能量，童年是一片无拘无束的原野

游戏　生活中游戏，游戏中学习 / 053

想象　想飞就要插上想象的翅膀 / 057

好奇　永远保持对这个世界的好奇 / 061

快乐　释放个性，在童年的"田野里"撒欢 / 066

担当　勇于承认错误，为自己的行为负责 / 070

专注　没有风的池塘，才不会掀起波澜 / 073

同情　"同情"的种子能开出最美的花朵 / 077

表达　不要害怕，勇敢表达 / 081

第四章　校园正能量，培养未来领袖素质

4

秩序　在孩子心中种下文明之根 / 087

责任　在学习中学会付出与责任 / 091

自律　培养自律而非他律的孩子 / 095

效率　在有限的时间里做更多的事 / 099

交友　朋友是一生的财富 / 103

竞争　在竞争中发现自己的力量 / 106

领导　善于领导，也要善于"被领导" / 110

诚实　有原则、守信用、敢担当 / 114

阅读　让心灵比脚步走得更远 / 117

第五章　学会处理负能量，谁的青春不迷茫

谅己　学习原谅，永远都不晚 / 123

欣赏　欣赏别人是一种提升自己的本领 / 127

信念　有信念的人经得起任何风暴 / 131

兴趣　打造属于自己的王国 / 135

自赏　别自卑，每个人都是独一无二的 / 139

建设　拒绝无理由的叛逆，知道自己想要什么 / 143

分寸　适可而止的人际关系最能健康长久 / 147

梦想　勇于实践，不要让梦想沦为空谈 / 151

荣誉　成绩是起点，荣誉是动力 / 155

希望　向着希望前行，阴影便被抛在身后 / 159

6

第六章　与人交往，做个正能量的传递者

宽容　严以律己，宽以待人 / 165

平等　平等待人是人生的必修课 / 168

尊重　想赢得他人的尊重，首先要尊重他人 / 171

主见　不盲从，不沉溺于小团体 / 175

自信　用自我的力量感染他人 / 179

幽默　与人沟通的巧妙智慧 / 183

守信　一言九鼎，一诺千金 / 186

助人　锦上添花，不如雪中送炭 / 189

乐观　以乐观的心态去拓展自己和身外的世界 / 192

7

第七章　成长路上，积蓄成功的力量

洞察力　由一滴水可以推论出一片大西洋 / 199

远见　机会只留给有远见的人 / 203

谦虚　成长的路上要保持谦虚的态度 / 207

意志力　百折不回，勇于承受挫折 / 211

金钱观　帮孩子树立正确的金钱观 / 215

合作　三个臭皮匠，顶个诸葛亮 / 219

忍耐　忍一时风平浪静，退一步海阔天空 / 223

踏实　脚踏实地，眺望前方 / 227

第一章

正能量不是 "身外物"

我们常常抱怨人生平淡无奇,生活太过乏味。许多人把这归咎于自己的命运,归咎于时代不公,归咎于天公不作美。我们向周围索取帮助,希望自己变得热情、积极,充满正能量。其实,正能量的种子就生长在每个人的心里,只要你善于照料它,时常给它浇浇水、松松土、晒晒阳光,就能培育一棵茂盛的正能量之树。

积蓄正能量　认识自己比读懂别人更重要

　　世界上没有两片完全相同的树叶，也没有两个完全相同的人。我们很容易分辨出一些树叶的颜色、形状，甚至气味。然而，当我们面对自己这片"树叶"的时候，情况却往往并不这么简单。我们总是乐于相信，自己是独一无二、与众不同的，虽然我们拥有和其他"树叶"差不多的外表。

　　在复杂的人际关系中，人与人之间的坦诚相见往往需要条件，但是在灵魂深处，一个人却随时可以做到对自己绝对诚实。人想要认识周围的世界，就必须首先认识自己，否则，世界对于我们来说就是空洞的假象。

　　孩子在成长的过程中，必然要慢慢建立起对自己以及周围事物的认识。事实上，孩子的自我意识虽然强烈，却无比盲目，他们的自我处于混沌状态，并不能够将自己与周围的世界区别开来。被限制的经验导致了一种绝对的谦逊，这种谦逊使得他们很容易接受外界对自己所进行的改变。然而，倘若一个人不清楚自己体内所蕴含的真实能量，也就根本无法有效地对其性质进行准确分辨，更谈不上有意识地培养和发挥某种能量。对于孩子来说，认识世界是重要的，但认识自己更加重要。

　　缺少了对自我的足够认识，一个人就无法形成真正成熟的个性。社会总是要求每个个体对其进行"适应"，我们要适应所处的时代，适应生活在我们周围的人们，适应外界无时无刻的变化。

　　认识自己，是积蓄自我能量的一个重要环节。没有独特而全面的自我认识，人的能量便会分散到无数琐碎的现实中去。无论是成人还是孩子，都应当明白一个道理：认识自己比读懂他人更重要。唯有通过不断地反省与思考，形成准确而强烈的独立意识，一个人才能够在世界中找到自己的位置，并且认识到自己所拥有的力量，才不会在浑浑噩噩的生活中迷失了方向。

一根小小的柱子，一截细细的链子，却可以拴住一头千斤重的大象，这不是很荒谬吗？然而，这荒谬的事情有时候的确会发生。

那些驯象人，在大象小的时候，就用一条细铁链将它绑在水泥柱或钢柱上。小象的力气小，无论怎么挣扎，都无法挣脱。渐渐地，小象习惯了自己的处境，不再费力挣扎……小象长大后，凭它的力气，其实已经可以轻而易举地挣脱链子，但它却再也没有试过。

驯虎人本来也像驯象人一样成功，他让小老虎从小吃素，直到小虎长大。老虎不知肉味，自然不会伤人。然而，一次偶然的机会让老虎品尝到了鲜血，驯虎人以为自己可以控制局面。可是，老虎一发不可收拾，最终将驯虎人也吃了。

小象是被链子绑住，而大象则是被习惯绑住。

以为老虎已经习惯了吃素的驯虎人，最终死于自己的狂妄。

认识自己，要求一个人全面地看待自己。既要看到自己的长处，又要看到自己的弱点；既要看到自己与他人的相似之处，又要正视自己与他人的区别。

1. 善于独处，培养孩子的独立意识。

孩子应该从小学会独处。独处让一个人远离外界的干扰，平静地面对自己的内心，有利于早日建立起对自我的深入认识。人需要独处，是为了进行思想和精神内在的整合。唯有经过整合，外来的印象和经验才能被自我消化，自我也才能成为一个既独立完整，又不断生长更新着的系统。

培养孩子的独处能力，家长首先要尊重孩子的兴趣和选择，并且给予他足够的时间。家长可以每天给孩子安排一些独处的时间，让他做一些简单的事情，例如阅读、写日记、听音乐、画画，等等。当孩子远离自己的同伴，一个人安静地从事某些活动时，他的能量便得到了积蓄。

2. 勇于打破惯性，控制内心能量。

习惯是可怕的。由于习惯，一个人可能完全忽略自己的真实力量；由于习惯，人的精力可能被浪费在许多毫无意义的事情上。当人们在习惯和惰性的束缚中重复着单调乏味的生活，久而久之，人们的自我认识就会停滞，内心的能量也会被消耗一空。

孩子是非常容易养成某种习惯的。当一个孩子坐在电视机前，手里握着遥控器不停地换台，即便找不到自己喜爱的电视节目，依然不愿离去，那么，他可能已经被某种惯性"绑架"了。

要想控制内心的能量，一个人就需要具有打破惯性的能力和勇气，不要让习惯磨平了自己的棱角。当孩子养成了某些消极的生活习惯的时候，家长要及时引导他们打破惯性束缚，勇于做出改变。例如，让他改用另一只手刷牙、用餐，尝试新的娱乐活动，带他去从未去过的地方，等等。重要的并不是让孩子做什么、不做什么，而是给他设置一个挑战，让他有勇气改变生活，并且从中认识到自己的力量。

3. 寻找兴趣点与兴奋点，让精神维持活力。

每个人都有自己的兴趣点和兴奋点，当我们在做一件自己非常感兴趣的事情时，兴趣点就会刺激我们的大脑，让我们远离苦闷和无聊的情绪，高效地实现自己。

如果一个人总是在从事自己不感兴趣的工作，那他不仅无法得到快乐和满足，内心的能量也会渐渐耗尽。久而久之，他会发现，自己好像再也没有什么兴趣可言了，对什么事情都提不起精神。

孩子也是一样。如果一个孩子每天都被迫学习，而他又无法从中获得快乐，那么他的精神活力也会渐渐丧失。因此，孩子必须学会寻找自己的兴趣和兴奋点，让大脑随时随地接受到新鲜的刺激，只有这样，正能量才能得到长期有效的积累。

除了鼓励孩子发展课余兴趣之外，家长也可以帮助孩子寻找日常学习的乐趣，找到学习中那个让他兴奋的点。这些兴奋点因人而异，有些孩子可能乐于享受完成某个难题时的成就感，有些孩子可能因自己的每一次进步而快乐，有些孩子可能更希望得到他人的称赞，等等。这些兴奋点需要得到尽可能多的刺激，这样才能够让孩子在学习过程中保持充沛的精力，让正能量得到更大的发挥。

积蓄正能量，是一个缓慢持久的过程。一个人若能学会认识自己，随时关注自己的内心，那么他就能知道自己想要什么、需要什么、能做什么、不能做什么。一个人唯有对自己保持清醒的认知，才能够主动选择，而不是被动地接受。

释放 正能量　活在当下，敢想敢做

正能量之所以能够在社会上获得广泛的欢迎和认可，不仅仅因为它是通往成功的法则，还因为它体现了一个人的综合修养。一个拥有正能量的人，能够乐观看待周围的一切事物，坦然面对生活中的得失悲喜；他们享受生活，能笑对坎坷；他们有奋斗的目标和坚持的理由；他们能够严格地要求自己，也能宽容友善地对待身边的人。

相反，一个负能量太多的人，往往自己也深受其扰，不能坦然面对自己的生活。例如，一个喜欢抱怨的人，通常也容易对自己和别人不负责任；一个容易猜忌、不信任他人的人，通常自己也喜欢说谎；一个没有梦想的人，他也会轻视别人的梦想；一个对未来充满焦虑的人，他可能根本无法认真过好每一天。

所以，如果一个孩子没有及时学会处理自己的负能量，他可能会沉浸在苦闷的生活中无力自拔，将自己宝贵的年少时光彻底地浪费掉。负能量还会影响孩子人生观和世界观的形成，影响他们的人际交往，使他们陷入悲观消极的人生态度中。

相反，如果一个孩子充满正能量，他会更加容易在未来获得成功。

活在当下，敢想敢做，这便是释放正能量的过程中非常重要的一点。

有个小和尚，每天早上负责清扫寺院里的落叶。

秋冬之际，每每起风时，树叶总纷纷落下，刚扫完的地就得再扫一遍。这让小和尚头痛不已。他一直想要找个好办法让自己轻松些。

一天，有个和尚跟他说："你在明天打扫之前先用力摇树，把快落的叶子统统摇下来，这样，你明天扫干净，后天就可以不用扫了。"小和尚觉得这是个好办法，于是隔天他起了个大早，使劲地摇树，摇落了许多树叶，他以为，这样就可以把今天和明天的落叶一次扫干净了。

一整天，小和尚都惦记着那棵树。他时不时地跑出去看看，看有没有新的叶子掉下来。他忧心忡忡，总担心自己的方法会失败。

这天晚上，刮了一夜大风，第二天，小和尚到院子里一看，他不禁傻眼了。院子里如往日一样满地落叶。

老和尚走了过来，对小和尚说："无论你今天怎么用力，明天的落叶还是会飘下来。既然如此，又何必浪费精力去担心它呢？"小和尚明白了，世上有很多事是无法提前解决的，因未知的事而忽略当下的生命，才是人生中的悲哀。

人们总是喜欢谈论理想，谈论明天。我们的生活，似乎不是在为明天忧虑，就是在为明天准备。有哲学家曾经说过，过去与未来都是不存在的，唯一存在的只是"现在"。这个道理每个人都懂，但落实起来却很难，否则，也不会有那么多家长早早为孩子的未来背上了沉重的心理负担。

"不好好学习，你以后考不上大学怎么办？""你不学习一些特长，以后生活会缺少很多乐趣。"有多少孩子的童年，只是为了那个遥远的未来在做准备。这当然没有错，因为成长本来就是为未来的独立所做的准备。可是，如果家长把孩子所有的生活和学习目标都放在了遥远的"明天"，那么孩子的成长也就变成了一场严酷而枯燥的训练。

其实，家长完全没有必要时时提醒孩子，一切付出与努力都是为了明天。实际上，我们能为明天所做的最好准备，就是将全部智慧与精力投入到当下。孩子看不到太过久远的"明天"，他们只能看到"现在"，只能在"现在"中找到满足与快乐。美国政治家史蒂文森说过："如果只是一天，不论多重的负担，人都能背负。如果只是一天，不论多难的工作，人都能努力完成。如果只是一天，任何人都能活得快乐、有耐心、仁慈与纯洁。其实这些也就是生命的真谛。"

1. 学会放下，该忘记的要忘记。

有些过去是可以忘记的，例如一次失败，或者一次成功。我们既不需要回味过去失败的痛苦，也不应该留恋过去成功的满足。

孩子天生是善于忘记的。他们的日子太丰富，他们的精力几乎全被用在当下。孩子是"活在当下"的典范，家长只需要顺应他们的天性，不要过多地对他们的生活态度进行干预，但有两种情况例外。

第一，孩子无法从失败的伤痛中复原。这时，家长应当让他们知道，过去了就过去了，唯有经验是过去留给现在的礼物。

第二，孩子完全不把过去当回事。这时，家长应当引导孩子认识过去的自己，在思考中总结经验，然后忘掉伤痛，牢记教训。

2. 别找借口，勇于面对"今天"的一切困难。

有的人喜欢以"活在当下"为借口，总是把困难的事情推到明天，这实际上只是在为自己的懒惰和胆怯寻找借口。

孩子和成人一样，也喜欢逃避困难的问题。家长需要告诉他们，今天的困难今天就要面对，今天的问题今天就要解决。当孩子说："我发现自己越来越胖了，希望长大后我能瘦下来。"那么家长应该立即帮助他制定饮食与运动计划；当孩子打算把有难度的作业安排在假期末尾去做时，家长应该引导："如果我们先把最困难的问题解决，以后不就可以轻松地玩几天了吗?"

3. 敢想敢做，努力践行自己的想法。

一般来说，越是重要的事情，人们越容易拖延。越是伟大的理想，人们越容易放弃。

家长要让孩子知道，这世上的事情，只有想不到，没有做不到。唯有及时努力实践自己的想法，才不至于让梦想落空。如果孩子想做一名慈善家，家长就督促他将自己的零用钱节省出来，定期捐给贫困地区的孩子；孩子想去野外探险，家长也应该尽量给他们创造实践的机会，不要总是以"危险"或者"年龄小"为理由，拒绝他们的要求。

4. 做好计划，不要为明天忧虑。

有人也许会问，活在当下，难道就不需要为明天打算了吗？如果没有明天，那么今天又有什么奔头？是的，无可争论，明天是会到来的，所以我们需要对未来做出计划。孩子的生活和学习也需要计划。

当我们确立了一个目标，我们就需要有计划性地开展自己的行动。但是，计划不同于忧虑。计划意味着有条理、按部就班地安排好自己的行动，并且尽量少走弯路。而忧虑，则是出于对失败的恐惧。

当孩子为了期末即将到来的考试而担心时，家长应该协助他们制定好复习计划，并且让他们知道，按照计划做好每一天的功课才是重要的。家长也应该调整好自己的心态，看看孩子的学习任务是否合理，课余安排是否妥当。如果一切都没有问题，就应该放下忧虑，与孩子一起认真过好现实生活中的每一天。

一个充满正能量的人，一定是每分每秒都"活在当下"的人。全心全力投入当下，才是一个人对生命最大的尊重。

传递正能量　世界会发光，只因有我

懂得积蓄正能量的人，拥有大智；懂得释放正能量的人，拥有大勇；懂得传递正能量的人，拥有大善。真正善于运用正能量的人，不仅诚实，而且分得清世界的黑白曲直，不会在人生的道路上钻牛角尖，也不会随波逐流。他们不会回避事情的真相，不会扭曲事物的本质，不会夸大事情的缺陷。他们深谙社会法则，善于发现他人的优点，理解他人的弱点。

在日常生活中，我们都有过这样的体验，和某些人交往，可以让自己感觉到世界的美好。即便是在你悲观失落的时候，只要和他说上几句话，顿时就能感觉未来又充满了希望。这些人便是正能量的携带者，与他们交往，你会被他们身上的正能量所感染，自己也变得积极向上了。

从前有一个人，他的车坏在了雪地里。焦急万分之时，一个骑马路过的男人帮助了他。他试图报答，骑马的男子却说："我不要回报，但你要承诺，当别人遇到了困难，你也要尽力去帮助他们。"

后来，这个人真的帮助了许多人，并且每次都同样告诉那些人："我不需要回报，但你要承诺，以后也尽力帮助其他遇到困难的人们。"

六年以后，这个人出去远游，被洪水困在了一座小岛上。他无处求救，只好烧起柴烟，希望有人能看到他发出的信号。就这样，他独自一人在岛上熬过了一个星期，眼看就要支撑不住了。这时，一个少年驾船向岸边驶来，将他救上了自己的船。事后，他想要给少年一大笔钱作为回报，少年却说："我不要回报，但你要承诺……"

孩子的天性中充满了正能量，我们要帮助孩子守住他们所拥有的正能量，并且通过适当的引导，让他们将自己身上的正能量传递给周围的人。

1. 教孩子懂得以身作则，让世界更美好。

孩子总是喜欢童话故事，他们很容易被主人公身上所具有的美好品质感动。教育一个孩子，最好的方法莫过于给他展示一些美好的人生，并且让他意识到，自己可以变得像他喜欢的那个人一样美好。

例如，当孩子发现善良给人带来温暖时，他也会在生活中以善良的心面对他人；当孩子意识到勤奋是一种让人敬佩的品质时，他也会督促自己努力刻苦；当孩子被一个人的诚实所感动时，他也会要求自己不要说谎。

2. 坚持自己，善待他人。

要想将正能量传递给更多的人，一个人首先要学会坚持自己，其次还要学会善待他人。

坚持自己，是一个人具有独立、强大人格的基础。当然，这种坚持并不是所谓的固执己见，也不是为了追求标新立异，而是在深刻的自我认识的前提下，经由理性的思考而做出的成熟选择。一个不能够坚持自己的人，不具有说服别人的资格。一个随波逐流的人，更不能以积极的力量感染别人。因此，家长要培养孩子自信、有主见、有勇气、敢担当等积极的品质，这些品质我们在接下来的章节中都会具体谈到。

善待别人，要求我们保持真诚，理解他人，宽容他人，接纳他人，并且在别人需要的时候，提供力所能及的帮助。

3. 以赞美和感谢的态度面对世界。

世界是不完美的，人性亦然。一个人如果总是惯于发现世界和人性的丑恶，不仅他自己不会快乐，还会将这种负面的情绪带给周围的人，致使他的世界越来越糟。

赞美与感谢，就是发现生命的美与善良，发现世界好的一面。当一个人能够以感恩的心态面对人生，他便会领悟到生命的珍贵。这样，即便是遭遇困境，他依然不会轻易放弃，他依然会怀抱着一颗纯真、热忱的心，在人生道路上不断前行。

4. 有理想，更要有担当。

在现实生活中，许多孩子喜欢抱怨。家长的溺爱是导致这种现象形成的一个重要原因。有些孩子在现实中受到了挫折，不会从自己身上找原因，而是习惯于埋怨外界环境，这是一种非常不好的习惯。

只有那些不愿意成长的人，才总是为自己的错误和失败找借口。学会承担责任，是孩子迈向成熟的第一步。

世界也许并不像我们所期望的那般完美，然而，如果人人都懂得担起自己的责任，分享自己的美好，时刻用自己身上的正能量去感染别人，那么世界也会变得更加美好。

正能量树上的"表情符号"

能量就像人的表情一样，会释放出某种积极或者消极的情绪，感染周围的人们。一种能量是否能算是正能量，取决于它是否具有这些美好的"表情"：真实、勇气、爱、正义……家长只要从小培养孩子这些积极的能量，这样，无论是在生活中，还是在学习中，无论是面对自己的生活，还是与人交往，孩子都可以积极乐观、游刃有余。

微笑 微笑是一种信号

微笑，在任何时候，都能够直抵心灵。

一个人微笑的面孔，能让其他人看到希望。笑容就如同善意的信使，可以照亮所有看到它的人。微笑是一种力量，一种涵养，一种暗示，人唯有内心有爱、有善、有喜悦，脸上才可能有笑。虚假的笑是很容易被察觉的，它就如同抹上蜡的石头，即便看起来油滑照人，却依旧是冷冰冰的。

微笑是一种信号，在不同的场合，它可以传递出不同的意义。有时候，微笑传递出自信；有时候，微笑传递出善意与友好；有时候，微笑传递出轻松愉悦的心情；有时候，微笑传递出对某人的理解与信任；有时候，微笑传递出一个人内心的宽容与坦荡。

有一个忧郁的人来到上帝面前，问道："上帝，请告诉我，如何才能让我跳出忧郁的深渊，在欢乐的大地上尽情玩耍？"

上帝说："请学会微笑吧，向你身边的一切。"

忧郁者又问："可是，我为什么要微笑呢？我没有任何微笑的理由啊！"

上帝回答："当你第一次向别人微笑时，不需要任何理由。"

忧郁者接着问："那么，第二次呢？以后我都要毫无理由地保持微笑吗？"

上帝意味深长地说："以后，微笑的理由会自己找到你。"

于是，忧郁者走了，他要按照上帝的指引，去付出微笑，去寻找欢乐。

半年过后，一个快乐者来到上帝面前。

他告诉上帝，他就是半年前那个曾求教于上帝的忧郁者。

现在，他的脸上阳光灿烂、充满自信，他的嘴角总是挂着真诚的微笑。

"现在，你有了微笑的理由了吗?"上帝笑问。

"太多了!"曾经的忧郁者说，"当我第一次试着把微笑送给那位我曾熟视无睹的送报员，他还我以同样真诚的微笑时，我发现天是那么蓝，树是那么绿，送报员离去时哼着的歌是那么动听!"

"当我第二次把微笑送给那位不小心把菜汤洒在我身上的侍者时，我收获了他发自内心的感激，我似乎看见了人与人之间流动着的温暖，这温暖驱散了我内心聚积着的阴云。"

"后来，我不再吝惜我的微笑。我把微笑送给街边孑然独行的老人，送给天真无邪的孩子，甚至送给那些曾经辱骂过我的人。我发现，我都收获了高于我所付出的几倍的东西，这里面有赞美、感激、信任、尊重，也有某些人的自责和歉意。这都是人间最真实、最美好的情感啊，它让我更加自信、更加愉快，也更加愿意付出微笑。"

"你终于找到了微笑的理由了。"上帝说，"假如你是一粒微笑的种子，那么，他人就是你成长的土地。"

微笑，有时候确实不需要任何理由，它只是传递出一个人内心的能量，就像一阵和暖的风，会送来春天的消息。孩子天真无邪的笑容，原本就是上天的馈赠，为这个世界增添了许多活力与色彩。所以，家长一定要以同样的真诚和温暖，回报这珍贵的笑容，不要以家长式的冷酷与威严，将这笑容冻结。

1. 多对孩子报以微笑，让他们感觉到安全和温暖。

表情是了解一个人内心真实想法的最准确线索。微笑，作为一种简洁、轻松、善意的表情符号，往往能够给孩子带来无比的安全感，真诚的微笑会让他们知道，眼前的人对自己并没有威胁，他不会伤害自己，因此是值得信任的。

家长应该多对孩子微笑，不要为了显示家长的尊严，过分吝惜自己的笑容。当孩子取得了一点小进步、小成就时，家长可以通过微笑，表示对孩子的认可和鼓励；当孩子因为犯了错误而自责时，家长可以通过微笑表示原谅，并且督促他努力改进；当孩子遇到了难过或者生气的事情，抑制不住地发脾气时，家长可以用微笑来化解紧张，让孩子知道，许多事情没什么大不了，大可一笑置之；当孩子与家长发生冲突时，家长不要非得等孩子主动认错，可以选择恰当的时候，主动对孩子报以微笑，暗示孩子"我们和好吧！"

2. 让孩子学会用微笑面对生活。

用微笑面对生活，意味着停止抱怨，停止无谓的自责或者忧虑，笑着面对人生中的一切境遇。家长教会孩子微笑着面对生活，也就等于帮孩子找到了一个强大的支点。当孩子遭遇了失败时，家长要及时引导他们脱离负面情绪的困扰，让他们可以微笑着面对下一次挑战；当孩子身处逆境时，家长也要让他们学会逆风飞翔。家长要以身作则，从容地面对现实生活中所遇到的困难与挫折，将微笑的力量传递给孩子。

3. 对陌生人，你也可以报以微笑。

在生活中，如果我们能够敞开心扉，以最真诚的微笑面对每一个陌生人，那么这种正能量也就得到了有效的传递。他也会将这种快乐的情绪传递给更多的人，感染一个又一个心灵。

孩子往往是热情而真诚的，家长要善于呵护孩子心中的热情，允许并且鼓励他们将自己的正能量传递给他人。

名人语录

有一种东西，比我们的面貌更像我们，那便是我们的表情；还有另外一种东西，比表情更像我们，那便是我们的微笑。

——[法国]作家　维克多·雨果

女人出门若忘了化妆，最好的补救方法便是亮出你的微笑。

——[美国]名模　辛迪·克劳馥

你欢笑，这世界陪你一起欢笑；你哭泣，却只能独自黯然神伤。

——[美国]诗人　埃拉·惠勒·威尔科克斯

维克多·雨果

真实 真人品源于真实自然地做人

有人说，要做一个成熟的人，就要善于维护良好的人际关系，要懂得站在别人的角度想问题，还要懂得在与人相处时做出必要的妥协与让步。为了让自己的行为合乎礼仪，许多人在处理人际关系时总是委曲求全，一味地迎合别人的需要和看法，即便在内心深处不能认同，他们也从不显露自己的主张。

也有人说，被人看穿是危险的。人要懂得隐藏自己，要善于伪装，善于忍让。有些事情，知道了也不能说；有些事情，不喜欢也要去做。甚至，在某些极端的处世思想里，一个人倘若不懂得掩饰自己的内心，轻易被别人识破，那便是最大的愚蠢。

在一次班会上，老师谈起了一个颇具争议的话题，询问同学们的看法。出乎老师的意料，除了小江一个人对话题持肯定看法之外，其他所有同学都对话题持否定观点。老师让小江详细说出自己的想法，小江站起来，讲了自己的观点。在小江发表意见的过程中，同学们反对的声音持续不断，小江孤立无援，却寸步不让，

越说越起劲……

回到家里，小江把课堂上发生的事情告诉了妈妈，话还没说完，妈妈就说："你怎么这么傻啊？你一个人怎么能说得过大家呢？如果别人都不同意你的看法，一定有他们的道理，你应该好好想一想是不是自己的问题，怎么还强词夺理？"

听了妈妈的话，小江愣住了。妈妈接着说："你要好好学学为人处世。你太较真儿，这样以后在社会上没法生存……"

"但是……"小江抬头看着妈妈，说，"但是，妈妈，老师最后表扬我了，而且有一半的同学都被我说服了，同意了我的看法……"

被誉为"美国的孔子""美国文明之父"的著名思想家拉尔夫·爱默生说过："想成为一个成熟而有魅力的人，就不能妥协。正直的心是世界上最神圣的东西……我犯了错误是因为我对自己产生了动摇，我想看别人是怎么想的。"

一个人只有具备完全的自信，经过深思熟虑的思考，拥有成熟的原则与信念，他才能有勇气坚持自己，毫不动摇。

对于成长中的孩子来说，他们一定更加乐于接受这样的教导，做一个简单而真实的人，而不是做一个"虚伪"而复杂的人。

1. 摆脱既有观念的束缚，倾听自己的心声。

要做真实的自己，一个人首先必须能够正确地认识自己，了解自己的内心，形成明确的原则和价值观念。唯有这样，"真实"才有力量，才能够赢得别人的尊重。

家长要教育孩子有勇气摆脱既有观念的束缚，学会独立思考，不要盲从，不要轻易改变自己的看法。唯有学会用自己的脑子思考、倾听自己的心声，孩子才能够知道，什么是需要坚持的，什么是不能妥协的。

家长也应鼓励孩子对现有的观念提出质疑，可以经常问问孩子："你觉得这样对吗？"或者"这条规则有道理吗？"等等。家长要让孩子学会：认真思考，遵从自己的心。

2. 尊重孩子的个性，让孩子勇于发表自己的看法。

一个人唯有尊重自己，才能真正做到尊重他人。只有意识到自己人格的珍贵，才能以平等、互敬的态度对待他人。在日常生活中，家长要鼓励孩子勇于发表自己的意见，不要因为害怕被孤立，就不敢发出声音。

家长应该尊重孩子的个性，鼓励他做出自己的选择和判断。在生活中遇到事情，家长可以多问问孩子："你怎么看？"或者"你同意这个观点吗？"不要把孩子的不同意见当作幼稚的思想不加重视，而是要与孩子进行平等的交流。

3. 教孩子寻找属于自己的独特表达方式。

表现真实的自己，方式是多种多样的。家长可以引导孩子找到属于自己的独特的表达方式。现实生活中有不少人不善于展现自己，是因为他们缺乏足够的语言表达能力。如果一个孩子有自己的看法，只是不善言辞，家长可以帮助他们寻找其他的表达方式。比如，可以将自己的看法写成文字，这免去了孩子当众说话时可能产生的羞怯和恐惧心理，又能够帮助孩子理清自己的思路，让思想更加完整、成熟。

孩子需要表达，需要向外界展示自己，除了语言和文字之外，艺术也是一个完美的渠道。说不出的话，可以转化为色彩与线条，也可以转化成旋律与音符。在艺术里，孩子更不需要伪装，他们可以自由自在地抒发自己的情绪和想法。

4. 保持诚实，不要因为恐惧而说谎。

谎言一般有三种：一种是出于恐惧；一种是出于善意；还有一种是出于游戏目的。在这三种谎言中，唯第一种最不可取，因为它揭示了一个人内在的矛盾，意味着一个人不敢面对自己，不敢为自己的行为负责。如果一个孩子不敢承认自己的错误，他也不会有勇气在别人面前做真实的自己。

当孩子因为恐惧而说谎，家长不要急着责备和惩罚，而是要保持冷静，并且让孩子知道，谁都会犯错，我们应该勇敢地为自己的所作所为负责。

5. 接受自己的不完美。

俗话说，"金无足赤，人无完人。"要做真实的自己，就要接受自己的不完美。试想，一个处处小心谨慎、生怕自己犯错的人，怎么可能在别人面前敞开心扉，无拘无束地表现自我呢？

家长要让孩子学会接受自己的不完美，正确看待自己的缺陷和弱点，必要时，还要学会"自嘲"。如果孩子犯了一点无关紧要的错误，那么家长可以试着用幽默去化解它，让孩子意识到，犯错并不可怕，重要的是知错就改，勇于承担。

是的，白璧微瑕并不影响玉的品质。要让孩子明白，每个人都有这样或那样的缺点，并不需要刻意隐藏这些缺点，应该有勇气承认它们，并且努力让自己变得更好，做最真实的自己。

名人语录

任何东西都敌不过真实。

——[法国]哲学家 狄德罗

真实与朴实是天才的宝贵品质。

——[俄国]戏剧教育家 斯坦尼斯拉夫斯基

没有单纯、善良和真实，就没有伟大。

——[俄国]作家 列夫·托尔斯泰

没有真实是不可能生活的，真实大约就是生活之道。

——[奥地利]作家 卡夫卡

列夫·托尔斯泰

勇气 等上帝给你运气，不如给自己勇气

　　孩子的勇气并非与生俱来，在很大程度上，需要父母后天的培养。勇气体现在一个人的行为中，但根本上取决于人们内心深处对自己的认识。"我能否把这件事做好？""我会不会因此受到伤害？"这样的疑虑使人在面对一些事情的时候产生迟疑、害怕，所以选择退缩或逃避。因此，从小培养孩子的勇气非常重要。

　　当然，所谓的勇气，并不是指莽夫之勇。勇气，应当是在生活中敢于正视自己，敢于面对错误，敢于接受挑战，敢于承担责任，敢于坚持原则，敢于对抗权威。

　　三名海军上将谈论起什么是真正的勇气。

　　德国将军说："我告诉你们什么是勇气。"说完他召来一名水手，"你看见那根 100 米高的旗杆了吗？我希望你爬到顶端，举手敬礼，然后跳下来！"

　　德国水手立即跑到旗杆前，迅速爬到顶上，漂亮地敬了个礼，然后跳了下来。

　　"啊，真出色！"美国将军称赞说。然后他对一名美国水兵命令道："看见那根 200 米高的旗杆了吗？我要你爬到顶，敬礼两次，然后跳下来！"

　　美国水兵同样非常出色地执行了命令。

"啊，先生们，这真是一次令人难忘的表演。"英国将军说，"但我现在要告诉你们我们皇家海军对于勇气的理解。"他转身命令一名水手："我要你攀上那根 300 米高的旗杆顶端，敬礼三次，然后跳下来！"

"什么？要我去干这种事？先生你一定神经错乱了！"英国水手瞪大眼睛叫了起来。

"瞧，先生们。"英国将军得意地说，"这才是真正的勇气！"

勇气，是所有正能量品质中最为重要的一项。如果没有勇气，一个人根本无法做到坚持自己，无法肯定自己的想法，也就根本无法将其他美好的品质贯彻下去。其实，所谓的"勇气"，只需要你一次又一次地遵从内心的选择。

1. 培养孩子的自信心和独立意识。

良好的自信能够让孩子对自我建立起积极的认识，当他知道自己是优秀的，至少在某些方面拥有足够的能力时，他就可以独立地做出选择，并且独立承担后果。因此，家长要善于发现孩子的优点和长处，及时地给予他认可与表扬，并且有意识地训练孩子将自己的长处应用到实际的生活中去。

当孩子面临某些选择的时候，家长要尽量放开手。一个孩子越是精神独立，在面对选择时也就越有勇气。

2. 引导孩子建立正确的是非观，并敢于对抗权威。

坚信自己在做正确的事情是勇气的源泉。这也是为什么正义的人总是无所畏惧。当一个人坚信自己是正确的时，那些所谓的"权威"就没有了说服力。

家长可以帮助孩子建立完善的是非观，而且必须是经过孩子的独立思考所得出的结论。如果家长只是一味地将既有的是非观念灌输给孩子，那孩子可能会勉强接受，但他们内心深处也许并不认同。试想，一个连自己都不相信的道理，怎么能成为激发他勇气和行动的信念呢？

当一个孩子做出他认为是对的事情时，家长可以询问他们为什么会这么做。例如："你的同学在欺负另一个小孩子的时候，我看到你并没有加入，可以告诉我原因吗？"孩子在回答家长的问题时，实际上也是在梳理自己的思路。如果他们无法准确地说出所思所想，家长可以继续进行引导，例如："你是不是觉得，欺负一个比自己弱小的孩子是不对的？"在家长的引导下，他们能更加清晰地意识到自己思想以及行为的力量。

当孩子认识到应当用勇气来维护正义的时候，父母可以通过赞赏的方式来进一步培养孩子的勇气。例如，当伙伴被取笑时，孩子挺身而出，家长可以赞赏他："你真是一个善良、勇敢的孩子。"或者"我觉得你做了一件正确的事情。"

3. 利用榜样的力量，培养孩子的勇气。

在许多电影、书籍、动画故事中，都会塑造一些英雄形象。在我们的身边，也有很多勇于进取或者见义勇为的真实事例，这些形象都可以成为孩子的榜样。

例如，一个孩子很喜欢孙悟空，家长可以问他为什么喜欢，孩子可能会说："因为孙悟空最厉害，没有人能打败他。"这时，家长可以顺着孩子的思路将话题继续下去："是啊，孙悟空连玉皇大帝都不怕，更别说什么妖魔鬼怪了。他什么都敢挑战，真是太勇敢了。"这时，"勇敢"的概念已经被提出，如果想将话题深入，让孩子进一步领会勇气的意义，那么家长还可以说："要知道，孙悟空是先练就了一身好本领，才有那么大的勇气深入龙潭虎穴啊！"

在现实生活中，与一个充满勇气的人交往，会让人感觉到积极和向上的力量。在人生的道路上只要昂首挺胸，阔步向前，保持清醒的头脑，勇于伸张正义，那么，任何负面情绪都会为之让路的。

名人语录

勇气很有理由被当作人类德行之首，因为这种德行保证了其余所有德行。

——[英国]政治家　丘吉尔

勇气是智慧和一定程度教养的必然结果。

——[俄罗斯]文学家　列夫·托尔斯泰

你若失去了财产，你只失去了一点儿；你若失去了荣誉，你就丢掉了许多；你若失掉了勇敢，你就一切尽失。

——[德国]文学家　歌德

歌德

真爱 爱让我们在一起

有些敏感的孩子有时会发出这样的喟叹："我什么都不会，什么都做不好，没有人会喜欢我。"

当一个人感觉到自己不被爱、不被认可时，他就感受不到自己的价值。事实上，"我"永远不能接受自己"无所谓"，"我"永远拒绝毫无意义地存在。可是，没有人能够强迫别人喜欢自己，除非别人需要我们，愿意把情感和精力放在我们身上。让别人需要我们，也许可以通过很多种途径做到，但最简单、最美好的一种，就是将我们的爱无私地奉献给别人。

是的，一个人若想得到别人的爱，首先要学会的，便是付出爱。

阿珠从小学习很好，从小学到高中，在全班都名列前茅。高考时，老师们都期盼着她考上名校为校争光，而她却只报了当地一所普通的大学。成绩出来后，阿珠的分数远远地超过了国内一流名校的录取分数。大家都问她："放着名校不报，是不是犯傻了？"她却很羞涩地说："我就喜欢家乡，不想去别的地方。"很多人都说她没出息！

在阿珠家乡的那所普通大学里，阿珠依然出类拔萃、独占鳌头。毕业的时候，她被学校推荐到美国的一所大学留学，费用减免。当美国寄来入学通知书的时候，她依旧推辞掉了，把机会让给了别人。别人问她的时候，她依旧像从前那样答道："我就喜欢家乡，哪里都不想去。"

毕业后，阿珠在家乡找了一份普通的工作，安安稳稳地生活着。过了两年，那位去留学的同学从美国回来，专程到阿珠家来探望她。那个同学看到，阿珠家里的摆设都是破破烂烂的，最让他吃惊的是，阿珠家里还有一个双腿残疾、瘫痪在床的母亲。

原来，阿珠的父亲早在她3岁的时候就去世了，母亲为了供她上学，辛苦奔波。有一天，一辆车将母亲撞倒在马路上，车轮轧断了她的双腿。司机补偿了一些医疗费，但母亲却用它帮女儿交了学费。从此，母亲就坐在轮椅上，在居民区卖些小百货，母女二人就靠这点微薄的收入相依为命。

阿珠说："当初放弃那些机会，很多人都说我没出息。我也知道，自己的未来可能不会有什么大出息了，但是，我只想一直陪在妈妈身边。"

那位同学明白过来的时候，眼睛已经湿了。他对阿珠说："你怎么不早说呢？那样大家就不会说你没出息了！"

阿珠微笑着，淡淡地回答道："我妈妈本来就觉得她耽误了我。如果大家知道了，可能会理解我，但妈妈心里就要难受死了。她是爱我的，一定不愿意我为她放弃自己的前程，可是只有我自己知道，如果抛弃了她，再好的前程也不能弥补我的悔恨……"

爱是一种能力。一个人只有不求回报，无私地为他人付出，这才是掌握了爱的秘诀；获取爱同样需要能力。一个人唯有抑制自己索取的欲望，才有可能获得更多的爱。

1. 教孩子懂得付出，不要过分索取。

家长要让孩子知道，什么才是最重要的。只有先去爱，自己才能赢得爱；只有先对别人友善，自己才能赢得友情；只有先聆听别人的思想，自己的思想才会产生分量。

当然，人不是生来就懂得关怀他人的，这是在长期与他人相处的过程中获取的本领。有些孩子只关注自己的需要，丝毫不在乎别人的情感。这种情况，家长要避免对孩子过分宠爱，不要放任孩子自私自利，要让他明白：别人不会无缘无故地对你好，也不会无止尽地容忍你，凡事付出才有回报。

2. 爱不必遮掩，要学会表达自己的情感。

为了赢得友情，为了让别人体会到自己的关怀，只有一颗热情的心是不够的。在很多时候，人由于自己的软弱、恐惧、自卑或者缺乏经验等原因，把真挚的情感压抑在内心深处，这不仅使自己难过，别人也感觉不到任何善意。

家长要教会孩子用适当的方式去表达自己的爱。例如，要以尊重和慷慨的心面对朋友，学会倾听朋友的心声，帮助和陪伴他们渡过难关，也要支持他们为自己的目标而努力。

家长还可以教孩子更加直接地表达自己的爱。一句赞赏，一句感谢，一句安慰，都会让对方感到自己是被爱的。家长也要做好表率，在日常生活中，多对孩子表达自己的情感。如果家长时常对孩子说"爸爸妈妈很爱你！"，或者"孩子，你对我来说很重要！"，那么孩子一定能将同样温暖的话语带给他所爱的人。

名人语录

人间如果没有爱，太阳也会灭。

——[法国]文学家　雨果

爱是生命的火焰，没有它，一切变成黑夜。

——[法国]文学家　罗曼·罗兰

爱别人，也被别人爱，这就是一切，这就是宇宙的法则。为了爱，我们才存在。有爱慰藉的人，无惧于任何事物、任何人。

——[法国]诗人　彭沙尔

罗曼·罗兰

满意 追求完美，肯定当下

满意是一种认可。

追求完美无疑是使人前进、使社会进步的动力之一，但是如果对完美的追求超过一定限度，也会给人造成困扰。

在现实生活中，有些孩子追求完美、过于好强，面对事情过于执着，常常无缘无故地发脾气、闹情绪，甚至让父母觉得莫名其妙、不可理喻，这便是孩子追求完美的心理在作怪。

要避免过于追求完美所带来的负面影响，一个人应该学会满意。

满意还需要学吗？有些人也许会这样问。

是的，满意不同于满足。满足是在对事情不抱期待的情况下，提前降低对自己的要求。而满意是在实践自己理想或目标的过程中，及时认可自己目前取得的成绩。

从前有一位画家，想画出一幅人人见了都喜欢的画。经过几个月的辛苦工作。他把画好的作品拿到市场上去，在画旁放了一支笔，并附上一则说明：亲爱的朋友，如果你认为这幅画哪里有欠佳之笔，请赐教，并在画中做上标记。

晚上，画家取回画时，发现整个画面都涂满了记号，没有一笔一画不被指责的。画家心中十分不快，觉得自己从前所有的努力都白费了。他找到自己的老师，想把心中的抑郁一吐为快。

老师对画家说："下一次，你可以换一种方式试试，让别人在他们喜欢的地方做上标记。"

于是，画家又临摹了一张同样的画拿到市场上展出。可这一次，他要求每位观赏者将其最为欣赏的地方都标上记号。结果是，一切曾被指责的笔画，如今都换上了赞美的标记。

画家高兴极了，又去找老师倾诉："原来，在有些人看来是丑的东西，在另一些人的眼里恰恰是美的。"画家说，"所以只要有一部分人满意就够了，我还有什么不满足的呢？"

"对，你不可能画出一幅让每个人都满意的画。但如果你觉得这样就够了，我敢打赌，你就再也画不出更好的作品了。"老师笑着，意味深长地说，"所以你也要问问自己，如果你是观众，你会怎样评价这幅画？这也许才能让你知道，自己未来努力的方向。"

孩子往往分不清满意与满足的界限。满意意味着孩子首先要懂得在生活、学习的各个方面对自己有所要求，其次才能学会在努力达成自身要求的过程中，及时认可自己所获得的进步，肯定自己当下的成绩，同时朝着更大的目标继续努力。

1. 引导孩子以平常心看待一切，切忌过分追求完美。

想改变孩子过分较真、追求完美的性格，父母首先要改变自己的思想。只有家长首先做到以平常心看待孩子，才能在日常生活中随时向孩子渗透合理的认知。如果家长嘴上说一套，心里想一套，一面要孩子保持平常心，一面对孩子的学习等方面做出过高的要求，那效果当然不会好，孩子也不会接受。

父母要让孩子知道，追求完美就要努力去做，但结果可以选择顺其自然。中国有句古话叫"尽人事，听天命"，正是告诉我们不要对事情的结果太过执着。这样一来，人既能拥有前进的动力，又消除了负面情绪的困扰，反而可能做得更好。

家长还可以教育孩子，适度追求完美，但切忌在任何方面都争强好胜。如果一个孩子其他方面都很优秀，只是体育不好，家长可以鼓励他参加学校的运动会，并且告诉他："你在许多方面已经做得很出色了，不必非要在运动会上争第一。我们完全可以把胜利的机会留给别人，自己只是去好好地玩一玩。"

2. 及时肯定孩子的成绩，并帮他确定努力的方向。

孩子有时候不能准确把握自己的成长，他们也许知道自己想做到什么程度，却不知道如何一步步地实现目标。因此，家长要对他们已经取得的小成绩及时给予肯定，让他们知道，只要努力，总会有收获。同时，家长还要帮助孩子明确继续努力的方向，让他们尽量少走弯路，一步一个脚印地实现目标。

在现实的生活与学习中，家长可以和孩子一起制订某一项计划，例如，制订某一科目的复习计划，或者某一项技能的学习计划。计划要尽可能的详细，不是只有一个简单的要求，例如"期末考试要考到90分"或者"假期要减肥10斤①"。孩子很可能会在追求太遥远的目标过程中迷失了自己，过早感觉到失败。相反，如果是短期目标，例

_____

① 1斤 = 500克。

如"今天牢记5个成语"或者"这一周都不吃零食",那么会比一个空洞的要求更有意义,也让孩子更容易对自己的努力感到满意。

3. "严以律己,宽以待人"是重要原则。

有些孩子对自己的要求不高,却喜欢以高标准来要求他人,他们看不到自己身上的缺点,却总是喜欢在别人身上找毛病。这样的倾向家长应该及时予以纠正。

要让孩子知道,每个人对事物的理解都不同,我们不能把自己的标准强加给别人。因此,在日常生活中,我们一定要学会"严以律己,宽以待人"。

在这条原则的指导下,我们应该明白,相较于对自己"满意"而言,对别人保持"满意"更加必要。我们要学会看到别人的优点和长处,看到别人取得的点滴进步,并且给予别人友好的认可和鼓励。家长要教导孩子,不要过于抱怨自己所处的环境,不要一味指责其他人的不足与过失,而是要以一种"满意"的态度对待自己和他人。

名人语录

所谓幸福的人,是只记得自己一生中满足之处的人;而所谓不幸的人,是只记得与此相反的内容。

——[日本]诗人 荻原朔太郎

也许人就是这样,有了东西不知道欣赏,没有的东西又一味追求。

——[美国]作家 海伦·凯勒

保留某种不完善会使事物显得有趣,并使人感觉到还有一点发展的空间。

——[日本]歌人 吉田兼好

海伦·凯勒

正义 维护全社会的共同利益，超级英雄就是你

正义是我们人类的优良品德。孩子正处于在德、智、体全方面奠定基础的阶段，培养孩子的正义感能使他们从小对事物、对人与人之间的各种关系具有一定的认识能力，能让他们学会平等地待人，不歧视别人，富有同情心。

正义感的养成在孩子小的时候基本可以定型，特别是在 5 ~ 14 岁的年纪，这时候家长必须教给孩子明确的是非观念，让他们懂得分辨是非，并能有意识地对那些错误的行为产生明显的排斥。

妈妈带童童去公园玩，童童看到有个阿姨正在嗑瓜子，还直接把瓜子壳扔进了草丛里。童童想："课堂上，老师教过我们要爱护环境，看到别人做错了要勇于指正。"他毫不犹豫地走上前说："阿姨，您这样做是不对的，不能把瓜子壳扔在草丛里，老师教育我们在公共场所不能乱扔果皮纸屑。我们要爱护花草，爱护环境。"

结果，令童童意想不到的一幕发生了，这位阿姨非但没有接受他的建议，反而破口大骂："小屁孩，别多管闲事！"童童一下子愣住了，周围的人都朝这边看过来，可是却没人帮他说话。孩子的正义感大受伤害。

童童的妈妈看到这一幕，就带着童童找到公园管理处的工作人员，向他们反映了情况，工作人员找到这位阿姨，批评了她，还对她进行了罚款

处罚。工作人员代表公园对童童表示了感谢，夸奖他这么小就这么有正义感，童童觉得自己做了一件特别了不起的事，像拯救世界的大英雄，别提有多高兴了。

　　孩子是非常敏感的，有时候大人们的一些不好的习惯，会给孩子幼小的心灵上抹上阴影。就像案例中那些熟视无睹的成年人，看到不对的行为也不加制止，更没有人帮孩子说话，这样孩子便看不到正义的行动，本来就弱小的力量，一下子变得孤单起来。如果没有及时保护好孩子的正义感，那么以后再遇到类似的不文明行为，他也会望而却步了。

　　那么，在日常生活中，我们如何培养出一个具有正义感的孩子呢？

　　1. 要培养孩子的观察力和判断力，引导他们的正义感。

　　正义来源于对事物正确的认识，而正确的认识始于对事件全面深入的观察和准确的判断。家长应该让孩子多观察周围发生的事，然后和孩子一起讨论，以提高孩子的认知。例如，看到一个小男孩欺负一个小女孩，家长可以问问孩子："那个男孩做得对吗？为什么？你会怎样做？"让孩子知道欺负弱小是不好的行为。看到有小朋友摘花坛里的花，可以问孩子："他做得对吗？为什么？你会怎样做？"让孩子知道爱护花草，保护环境是做人应有的公德。

　　另外，父母可以有目的地和孩子一起看一些时事新闻，特别是有关治安和青少年问题的典型个案，一定要和孩子一起讨论，引导孩子分析案例的正、反两个方面。当孩子在看警察抓小偷的故事时，家长可以让孩子思考：小偷偷别人的东西对不对？警察抓小偷是为了什么？孩子通过自己的思考和分析，对是非善恶的认识就会特别深刻，这无形中也就增强了孩子的正义感。

2. 培养孩子的平等观，帮他们养成平等意识。

人与人之间是平等的关系，没有高低贵贱之分。人在社会生活中会受到经济、社会条件的影响和限制，也会受到家庭以及自身客观条件的影响，所以，每个人的境况不同。家长要教导孩子平等待人，要求他们不要以父母的优越地位作为自己炫耀的资本，从而歧视别人，也不要因父母的平凡而感到自卑，对待别人也是同样的道理。

要培养孩子的正义感，除了家庭的力量以外，还要善于运用集体的力量。在学校里，老师要提倡互助、平等待人，以此统一全体孩子的思想认识。对平等待人、坚持正义的行为要予以表彰和鼓励；对不文明行为要予以谴责和批评。

3. 身教胜于言教，为孩子树立榜样。

我们的行动比我们所说的话管用一千倍。对于未成年的孩子来说，父母的榜样具有特别重要的作用。例如，孩子在幼儿园的时候就学过"红灯停，绿灯行"，可是跟父母一起上街的时候，孩子却总被父母拉着不走人行横道或者会横穿马路。有些家长认为偶尔闯个红灯、插个队，无伤大雅，殊不知这会让孩子以为规则是可以不用遵守的，这非常不利于孩子正义感的培养。家长必须告诉孩子，红灯的时候绝对不能往前走，这是大家都必须遵守的规则，即使是周围所有的人都在往前走，家长也应该给孩子解释，是他们错了，并不是做的人多了就是对的。

还有些家长对社会上负面事件的不当看法也会极大地挫伤孩子的正义感。例如，有小偷偷东西，家长看见了还不许孩子说；见到了乞丐，家长让孩子不要理这些人，说他们是在行骗；有人被车撞伤了，肇事车逃走，家长就对孩子说不要插手，帮人不讨好，还可能脱不了干系……在这样的教育下，孩子怎么可能树立起正义感呢？

家长要带头遵守规则，不伤害他人、不侵犯他人的基本权利，为贫困地区的小学捐钱、捐物，在公共场合制止不良行为，等等，孩子注意到你所做的，那么他们自然就会形成公平、正义的品格了。

4. 借助文艺作品，增进孩子对正义的认识。

家长可以引导孩子多接触一些培养道德情操方面的优秀作品，并且联系身边的真实事例，跟孩子一起讨论作品中人物的表现。让孩子逐步懂得，诚实正直是中华民族的传统美德，我们要做一个有正义感的人。

5. "见义勇为"是精神，"见义智为"是方法。

值得注意的是，培养孩子的正义感并不等于鼓励孩子冒着生命危险去盲目地维护正义，而是重在培养孩子公正的道德意识。让孩子认识到见义勇为并不仅仅是直接和坏人作斗争，也不是作无谓的牺牲，而是危急时开动脑筋，以最适合的方式维护正义。比如，有人溺水、歹徒行凶或发现火情等意外时，如果超出自己的能力，要马上报警或寻求外援。家长在培养孩子正义感的同时，也要告诉孩子，遇到危险的时候，想办法保全自己，遇到坏人，不要硬斗，而要智取。

霍丁·卡特曾经说过："我们能给孩子留下两样持久不变的东西：根与翅膀。"没有少年英雄的民族是可悲的。如果承载着我们希望的下一代出现集体性的冷漠、麻木、自私，那么我们将失去未来。让孩子在长大成人步入社会以后，在见惯了圆滑、自私、冷漠、懦弱后，仍能客观公正、是非分明、勇于承担，这就是培养孩子正义感的意义。

就是因为有了正义感，人才成为人，而不成为狼。

——[英国]哲学家 弗朗西斯·培根

正义是苦难者的希望和犯罪者的畏惧之所在。

——[美国]诗人 惠蒂尔

勿以恶小而为之，勿以善小而不为。

——[中国] 三国时期蜀汉开国皇帝 刘备

只要提着正义之剑攻击，再柔弱的手臂也会力大无穷。

——[美国]作家 韦伯斯特

享有王子特权的人少之又少，但正义感却是人尽可拥的美德。

——[英国]古戏剧家 德莱顿

我大胆地走着正直的道路，绝不有损于正义与真理而谄媚和敷衍任何人。

——[法国]启蒙思想家 让－雅克·卢梭

一个人不应受名誉、金钱和地位的诱惑，去忽视正义和其他德行。

——[古希腊]哲学家 柏拉图

让－雅克·卢梭

分享 分享的过程是一次裂变

"有福同享，有难同当。"这大概是让许多中国人印象最深的一句关于分享的名言。

分享，就是与别人一起分担痛苦，一起享受愉悦，一起交流思想。分享不仅限于好朋友、亲密的伙伴之间，还可以发生在陌生人之间。分享是一次裂变的过程，一份痛苦若经过分享，痛苦的重量就会减轻；一份愉悦若经过分享，愉悦的面积就会扩大；一份思想若经过分享，每一个人就会拥有更多的思想。

如果在遭遇苦难时无人诉说，苦难就会变本加厉、挥之不去；如果在快乐时不能与人同乐，快乐就会变得索然无味。所以，一份无人分享的快乐不是真正的快乐，一份无人分担的痛苦却是最可怕的痛苦。

最近，小强的妈妈发现孩子回到家总是闷闷不乐，妈妈问小强怎么了，小强说："同学们下课以后都不和我玩儿，大家都喜欢和小明玩。"

妈妈问："为什么大家都喜欢和小明玩儿呢？"

小强想了想，有些气愤地说："小明每次来学校都带玩具，然后同学们就围上来一起玩儿。"

"你也有很多玩具啊，你和大家一起玩了吗？"妈妈又问道。

"我没带玩具去学校，我怕别人把我的玩具弄坏了。"小强答道。

妈妈听了，温柔地说："孩子，妈妈给你买的玩具，你自己有时候也会玩儿坏啊！但是如果你因为怕弄坏玩具，就不拿出来和别人一起分享，你会少了很多快乐啊！"

"我自己玩儿也很开心。"小强执拗地说，"明天我也要带很多玩具去学校，谁也不让玩儿，我就要自己玩儿，让他们后悔！"

"傻孩子。"妈妈说，"如果这样会让你开心，你完全可以这样做。"

第二天，小强真的把玩具带到了学校。下课了，同学们围上来要和小强一起玩儿，小强却说："你们去玩儿小明的玩具吧！我只想自己玩儿。"同学们沮丧地离开了，小明身边又围满了小伙伴。

小强一个人蹲在角落里，玩着自己的玩具。开始的时候，他还感到很得意，觉得自己好好地惩罚了同学们一次。可是时间越长，小强心里就越不是滋味，看着小伙伴们围在小明的身边，小强觉得自己带的玩具一点也不好玩，他一点儿也不快乐……

人都是自私的，孩子亦然。然而孩子并不会像许多大人一样，刻意委屈自己，做出某些"礼节性"或"高尚"的分享行为。要让孩子学会分享，首先要让他感觉到分享能够带来喜悦和幸福。如果一个孩子能自愿与人分享并以此为乐，那才可以说是真正具有了分享的能力。家长需要培养的，就是孩子这种发自内心的分享愿望。

1. 引导孩子体验分享带来的快乐。

分享行为的本质是爱与理解。如果孩子从内心懂得了与他人建立某种联系的必要性，懂得了必要的付出和牺牲能够换来自己和他人内心的愉悦，那么他自然就能够学会分享。但这种分享能力的培养必须从丰富孩子的情感体验入手，即让孩子从他人角度出发，体验他人情绪、情感，从而学会理解，学会分享。

比如，当孩子顺应家长的要求，把自己的东西与家长分享时，他是真心以为家长需要或者喜欢这个东西，并且会因为能与家长一起分享而感到快乐。所以，家长要在整个过程中表现出快乐的情感，以便强化分享过程给孩子带来的美好体验。相反，如果家长只是把分享行为当作教育工具，比如当孩子做出与家长分享食物的举动时，家长却只是说："乖，真是个好孩子。我不吃，你自己吃吧！"这种做法没有让孩子得到必需的情感体验，也就丧失了教育意义。

除了物质层面的分享之外，家长还应鼓励孩子多交朋友，让孩子有机会进行更多精神、情感层面的分享活动。当孩子经历了难忘的欢乐，家长可以引导他将自己的经历与朋友分享。当孩子遇到挫折和痛苦时，家长可以善意地提醒："你可以去找你的好朋友，我想他大概会希望听你诉说。"

2. 关注他人的需要，从分享中收获爱的力量。

分享是一种表面的行为，这种行为可以被很多不同的目的支撑着。事实上，教育目的并不只是让孩子做出分享的举动，还需要让他们真正理解这些举动所包含的情感意义。

在日常生活中，家长可以随时引导孩子关注他人的情感和需要。例如："你的朋友很失落，因为他没有任何玩具可以玩儿。"或者："你不在家的时候，弟弟一点零食都没有吃，他说要等你回来，和你一起吃。"通过这些引导，孩子能够慢慢学会理解和关心他人的感受，并且学会换位思考，并从中收获爱的力量。

3. 控制占有欲，了解自己的真实需求。

现实生活中，有许多孩子不喜欢与人分享，是因为他们内心有着强烈的占有欲。当然，占有欲每个人都有，只是程度不同。家长要教育孩子学会控制自己的占有欲，了解自己的真实需求，不要把对"拥有"的美好渴望变成贪婪。

在日常生活中，家长可以有意识地教导孩子，喜欢的东西不一定要占为己有，因为爱是无私、无偿的。同时，家长也要让孩子学会了解自己真正的需求。当一个人不了解自己的需要的时候，就特别容易变得贪婪，他总是见到什么喜欢的东西，就想立刻将其占有，而不会想自己是否真的需要，更不会考虑是不是有其他人比自己更需要这个东西。因此，在孩子小时候，让他先搞清楚"我究竟需要什么？"是很有必要的。

一个善于分享快乐的人，能够获得他人的喜爱；一个善于分享自己智慧的人，能够获得他人的拥护；一个善于分享自己资源的人，能够获得他人的感激。一个懂得分享的孩子，才会收获更多。

名人语录

把痛苦告诉给你的知心朋友，痛苦就会减掉一半；把快乐与你的朋友分享，快乐就会一分为二。

——[英国]哲学家 培根

悲伤可以自行料理；而欢乐的滋味如果要充分体会，你就必须有人分享才行。

——[美国]作家 马克·吐温

倘若你有一个苹果，我也有一个苹果，而我们彼此交换这个苹果，那么，你和我自然各有一个苹果。但是倘若你有一种思想，我也有一种思想，而我们彼此交流这些思想，那么，我们每个人将各有两种思想。

——[爱尔兰]作家 萧伯纳

马克·吐温

🏅 趣味　给生活一点刺激

中国近代著名思想家梁启超曾经说过："假如有人问我：你信仰什么主义？我便答道：我信仰的是趣味主义。有人问我：你的人生观拿什么做根柢？我便答道：拿趣味做根柢。"正是这位伟大的改革者，提出了"趣味主义"的概念。

在成人的世界里，人们赞扬成功、赞扬理想，却很少有人赞扬趣味。繁忙的工作占去了他们大部分的时间，人们不再关注自己对于简单快乐的渴望。然而，一个人如果做自己不喜欢的工作，即便取得再大的成就，他也难以获得真正的满足。如果一个人善于发现趣味，善于制造简单的快乐，那么他就等于拥有了一把进入他人世界的钥匙。这把钥匙，在人际交往中同样非常重要。

从前，有一位伟大的哲学家，他在学术界成就颇丰、地位显赫。他有一个习惯，就是每天都要到广场上和孩子们一起做游戏，那里有许多孩子都把他当作老熟人。

有个朋友发现了他这个习惯，问道："您是不是最近在研究与游戏有关的理论？"

"没有。"哲学家回答。

"那么，您最近的思考是否和孩子相关？"

"没有。"哲学家回答。

"那您干嘛每天都过来和孩子玩儿？这不是浪费时间吗？"那位朋友追问道。

哲学家轻松一笑，答道："因为我喜欢，这还不够吗？"

"孩子的游戏只是最简单的小儿科罢了，搞不懂您为什么喜欢这些把戏。"朋友辩驳道。

哲学家听了，意味深长地说："的确，孩子的游戏每个大人都能轻松地掌握。但是，孩子从游戏中获得的快乐，却让所有大人都望尘莫及。"

孩子对于趣味的热衷，胜于成年人。在生活中发现趣味，是孩子无师自通的本领。小孩子之间的友谊，也多半都是通过趣味来维系的。然而，他们懂得寻找简单的快乐，却不都懂得挖掘复杂事物背后潜藏的乐趣。随着孩子的成长、学业负担的加重，趣味很可能会变得越来越少。因此，从小培养孩子懂得发现生活、学习中的乐趣，是一件很重要的事情。

那么，家长应该如何保护孩子追求趣味的天性，让他们学会为人生增添乐趣呢？

1. 制造充满乐趣的家庭环境，用趣味感染孩子。

在一个充满乐趣的家庭中成长起来的孩子，长大后，更懂得为自己和他人的生活制造欢乐。因此，家长只要努力让家庭生活充满乐趣，孩子就会在不知不觉中受到积极的影响。

首先，家长要问问自己：你是否能在目前的工作中找到乐趣？在工作之外，你是否有其他的兴趣爱好？如果答案都是否定的，那么家长就要先调整自己的生活了。家长要善于把自己对生活的积极态度带给孩子，多向他提出一些积极的想法，例如："妈妈刚接到了一个非常有挑战性的工作，我很期待自己的表现。""我希望自己的生活再丰富一点，所以我决定学习一门新的语言。"或者："我感觉我们家里有点缺乏生气，你说我们是否可以考虑养个小动物？"

家长还可以多组织一些家庭娱乐活动。例如，计划家庭旅行、组织家庭影院、开展家庭娱乐竞赛，等等。此外，家长对于交朋友表现出的热情，例如经常与朋友出游，与朋友谈笑风生，或者邀朋友来家里做客，这些也能让孩子感到，家庭生活是充满乐趣的。

2. 放下身段，进入孩子的娱乐世界。

当孩子沉浸在充满乐趣的活动中，并且不拒绝家长的参与时，家长应该主动放下身段，与他们一同享受活动的乐趣。

例如，孩子想要下棋，家长应该尽量陪他们下；孩子想玩儿捉迷藏，那么家长即便觉得这很无聊，也应该主动配合，并尽量从中找到快乐；孩子一个人在旁边搭积木，家长可以主动表示好奇："你在搭什么？我可以帮你把它搭得更高。"等等。

家长要相信，孩子选择某个娱乐活动总是有理由的。如果家长能放下身段，认真参与到孩子的活动中来，这不仅能够促进家长与孩子之间的情感交流，让孩子感觉到自己被关注、被需要，也能够帮助孩子渡过许多潜在的情绪难关。同时，家长的参与能很有效地保护孩子的娱乐积极性，使他们意识到与家人共享趣味时光的珍贵。

3. 培养孩子的兴趣爱好，鼓励他们选择自己喜欢的事业。

培养孩子的兴趣爱好，是给孩子未来最珍贵的礼物。如果孩子拥有一个可以全心投入的爱好，他自然能够从中感受到无穷的乐趣。家长应该尽量帮助孩子发展兴趣爱好，帮助他们尽量保持对事物的热情，使他们的精力和才干获得最大程度的施展。

4. 鼓励孩子多交朋友，在友情中体会乐趣。

友谊的珍贵，在人生的许多方面都有体现，在与朋友的交往中得到乐趣，正是友谊的重要意义之一。

家长要鼓励孩子多交朋友，尤其是志同道合的朋友，让孩子学会和朋友交流，分享自己的想法和体验，也要让孩子善于与朋友一起谈笑、一起游戏，共同在生活和学习中寻找更多的乐趣。

5. 培养孩子对外界的好奇心，积极尝试新鲜事物。

当一个人完全习惯了自己的生活模式的时候，可能就会对自己的生活失去兴趣，除非有新鲜的事物不断刺激他的神经。当孩子玩儿腻了自己的游戏，他可能需要别人为他们寻找新的点子。这样的机会是美妙的，家长要把握住孩子想要接触新事物的机会，给他们提供引导和支持。

在日常生活中，家长也可以多鼓励孩子尝试新鲜事物。例如，让孩子学习一种新的知识，带他去一个新的地方，结识一些新的朋友，等等。如果孩子养成了积极探索和积极生活的习惯，那么他的人生可能会更加丰富，也更加有乐趣。

人生不能没有趣味。家长一定要培养孩子的"趣味主义"，有了它，生活中的压力就可以转化成充满乐趣的挑战，人际关系中的紧张、尴尬也可以转化成幽默。

我们把乐趣看作是幸福生活的全部，乐趣是人们首要的，不可缺少的东西。

——[古希腊]哲学家　伊壁鸠鲁

消遣就是娱乐，无可消遣当然就是苦闷。世间喜欢消遣的人，无论他们的嗜好如何不同，都有一个共同点，就是他们都有强旺的生命力。

——[中国]美学家　朱光潜

人都需要娱乐和变换兴趣，以防止变得迟钝、呆滞和智力上的闭塞。

——[英国]教育家　本杰明·乔伊特

生活乐趣的大小是随我们对生活的关心程度而定的。

——[法国]思想家　蒙田

有目的娱乐，不能成为真正的娱乐。娱乐没有目的，可对生活来说是符合目的的。

——[日本]哲学家　三木清

我的生活原则是把工作变成乐趣，把乐趣变成工作。

——[美国]学者　艾伯乐

朱光潜

第二章

培养正能量，童年是一片无拘无束的原野

童年是一片无拘无束的原野，也是培养孩子正能量最优质的土壤。孩子的童年生活应该是快乐而丰富的，他们喜欢玩耍，喜欢"想入非非"，喜欢对事情刨根问底，喜欢调皮捣蛋……因此，家长应该尽量给孩子创造一个自由而快乐的童年环境，这样，他们才能带着满满的正能量走向未来的人生。

游戏 生活中游戏，游戏中学习

孩子心声："妈妈，为什么学习不能像游戏一样有趣？"

儿童教育家陈鹤琴先生说过："小孩子生来是好动的、以游戏为生命的。"的确，孩子的天性就是玩儿，出生两三个月的婴儿就会开始独自玩耍。对于孩子来说，游戏就是生命、就是他们的工作，它几乎和成人的事业具有同等重要的意义。

家长有时会抱怨自己的孩子："你怎么这么不求上进，成天就想着玩儿！"其实，孩子本来不知道玩儿有什么错，因为他们天生就喜欢这样，但是在家长的"教导"下，孩子明白了，"玩儿"等于"不求上进"，"玩儿"等于"犯错"。

事实上，许多家长都忽略了很重要的一点，"玩儿"也可以是"学习"。而且，只有在玩儿中学习，孩子才能在学到知识和本领的同时，又享受到童年的快乐。

在家人、同学的眼里，小叶是一个非常爱学习的孩子，她的成绩在班上名列前茅，所有课堂知识对她来说都不是问题。在小叶的爸爸妈妈面前，亲戚们总是赞叹道："瞧，你们家孩子多爱学习啊，长大后一定有出息。"听了这样的夸赞，小叶心里也很高兴。

有一天，语文老师发现小叶在抄写生字，但是她并不是一格挨一格地抄写，而是写一格、空一格，再写一格、再空一格。老师好奇地问："小叶，你为什么这样写呢？"小叶抬头笑了，说："因为这样好像是在做'跳格子'游戏。一会儿，我再把这些空出来的格子补上。要不然，生字太多了，抄起来太累了。"

老师笑了，继续问道："你成绩这么好，做功课还觉得累啊？"

"是啊！"小叶表情严肃地回答，"其实我很羡慕那些上不起学的孩子，他们虽然可怜，但是不用做作业，每天都可以玩儿。我虽然成绩好，可是有时候想想，真是得不偿失啊！"

听到小叶把新学的成语都用上了，语文老师觉得又惊奇又好笑，还有一点心疼……

再优秀的孩子，也会讨厌循规蹈矩的学习，他们总是想："为什么学习不能变得更有趣一点呢？"实际上，生活中许多知识都能巧妙地融合在有趣的游戏中。在游戏里，孩子不仅能学到东西，养成竞争意识，也能培养他们的创造性，学到很多书本上没有的东西。

有些孩子能够自发地创造一些方法，使学习变得更有趣、更简单，但是在大多数情况下，孩子只会被动地接受老师和家长的教育方式。枯燥的学习对孩子来说是致命的伤害，因此，家长要从小培养孩子的游戏力，让孩子爱上学习。

1. 寓教于乐，丰富孩子的学习生活。

寓教于乐，就是通过娱乐性、艺术性的方式对孩子进行教育。孩子需要掌握的知识一般比较简单，因此，不需要使用过多的理论去扩展。此时，教育的目的是提升他们的情感体验，增强他们在日常生活中运用知识的本领。

寓教于乐，关键在于"乐"。在学习过程中，孩子越"乐"，教育的效果也就越好。"乐"可以通过很多方式来达到。例如，寓教于文艺活动。让孩子将一首诗编成一首歌、画成一幅画，或者把一篇课文排演成一出话剧。转化成文艺活动的知识内容，更容易激发出孩子的兴趣。孩子在反复练习的过程中，也会对知识有更加深刻的理解，记得也更牢固。再如，寓教于体育活动。体育活动不仅强身健体，更有利于对孩子进行思想教育，培养孩子的竞争意识、合作精神和不畏困难、勇于拼搏的品格。

2. 朋友的参与，让一切枯燥的学习变得有趣。

许多父母会担心孩子交到一些不好的朋友，怕坏朋友会影响孩子的学习。尤其是在孩子写作业的时候，家长会认为，一个绝对独立、安静的环境才是好的，小伙伴们在一起只会让孩子分心。其实，有时候，孩子需要有人和他一起学习，一起完成任务，一起承受压力。如果我们给孩子布置一个困难的任务，这对他来说无疑是折磨，但是，如果我们让几个孩子共同来完成这个任务，他们反倒会充满动力。

所以说，只要家长"指挥"得当，孩子与朋友们一起学习，效率反而会更高。家长可以给他们定下学习内容以及完成时间，告诉他们完成后要接受检查，不合格要受到惩罚。惩罚的方式可以是一种游戏，不用过于严肃。家长可以要求孩子们在学习的过程中相互帮助，还可以让他们进行比赛。在这种游戏的氛围中，孩子会慢慢发现学习也可以很有趣。

3. 给孩子充足自由的玩乐时间。

无论孩子的生活节奏多么紧张，学习任务多么繁重，家长还是要注意，每天都应该留给孩子一段自由玩乐的时间。这段时间尽量让孩子自由安排，家长不要过多干预。有些家长会说，孩子在学校不是可以玩儿吗，放学回家已经很晚了，还有那么多作业，哪里还有时间？要知道，孩子虽然有课间休息的时间，但那些时间过于分散，只能用来舒缓疲惫的神经，难以让游戏发挥积极的作用。

在一段积极且自由的游戏时间里，孩子绝不会比从课本中收获得少。但是，家长要注意，孩子玩儿电脑的时间不宜过长。如果孩子把自己所有的游戏时间都用来玩儿电脑，家长要及时制止，并引导他们选择一些有意义的游戏。

游戏是孩子的天赋，在游戏中，孩子的智力能够得到有效的开发。事实上，哪怕是最简单的游戏，也可能包含着深刻的思想。例如，我们所熟悉的游戏"石头剪刀布"，其中不仅蕴藏一种无限循环的抽象概念，还可以让人学会顺其自然、愿赌服输。自由的游戏还能锻炼孩子的情商，治疗孩子的情绪问题。孩子在游戏的过程中，可以获取自己所需要的价值感和精神满足。总之，游戏力对于孩子来说，是一切必备的素质，那么家长又何乐而不为呢？

名人语录

游戏是小孩子的"工作"。

——[英国]文学家　莎士比亚

儿童游戏中常寓有深刻的思想。

——[德国]作家　席勒

学习是生活中最有趣的和最伟大的游戏。所有的孩子生来就这样认为，并且将继续这样认为，直到我们使他们相信学习是非常艰难和讨厌的工作。

——[美国]教育家　格伦·多曼

倘若 A 代表人生的成功，那么公式是：$A=X+Y+Z$。X 是工作，Y 是游戏，Z 是保持缄默。

——[美国]物理学家　爱因斯坦

爱因斯坦

想飞就要插上想象的翅膀

孩子心声："把鱼儿种在土里，说不定就能长出小鱼来……"

孩子对世界的陌生感，导致他们容易问出一些"荒唐"的问题，例如，"青蛙为什么是绿色的?""太阳那么烫，是不是一直在生病?""火车怎么不会在天上飞?"等等。面对这些异想天开的问题，家长要么简单地说一句："瞎胡闹，你怎么什么都不懂?"要么把这些当作孩子的幼稚表现不予理睬。只有少数家长能够从孩子的奇思妙想中发现智慧的火花，小心呵护它的光芒。

培养孩子"胡思乱想"的能力，是美国教育的精髓。当孩子放学回到家时，中国家长问孩子的第一句话大多是："今天老师教了什么? 考试了吗?"而美国的家长则会询问孩子："今天你向老师提了什么问题?"

丰富的想象力是孩子应该具有的特长，只有一个从不主动思考的孩子，才不会"胡思乱想"。当孩子对眼前的世界提出疑问，说明他们曾经细心观察，发现了某些事物的特点，意识到了规律的存在，这也是一切创新的前提。

浩浩从幼儿园回到家里，垂头丧气。妈妈一问，原来是儿子在美术课上受了委屈。

老师让小朋友们凭自己的想象画太阳。有的同学给太阳画上了笑脸；有的同学把阳光画得五颜六色；有的同学在一片天空上画了很多个小太阳……

而浩浩画的，是一个戴着墨镜的太阳。

当老师将浩浩的画展示出来，同学们都笑了，浩浩也笑得很开心。这时，老师随口说道："这个太阳，画得像个小流氓。"同学们笑得更欢了，"浩浩！你把太阳画成流氓啦！"同学们喊道，浩浩听了难过地把自己的画揉成了一团……

展开那团被揉得皱巴巴的画纸，妈妈强忍住笑，心想：老师一点也没说错，这太阳的确像个小流氓，但妈妈还是温柔地问："孩子，你为什么要给太阳戴墨镜呢？"浩浩认真地回答："妈妈，暑假我们去旅游的时候，我发现很多人都戴着墨镜防晒。我想，太阳光有时候太强，太刺眼了，要是能给太阳戴上墨镜，我们就不怕晒了！"

听了儿子的话，妈妈恍然大悟："原来浩浩是为大家着想呢！这个方法真不错，只可惜太阳太高了，我们没法给它戴上墨镜啊！"

"既然人能到月亮上去，一定也有办法到太阳上去。"浩浩继续说到，"我相信总有一天，人类会想到办法的！"

充沛的想象力是创造力萌生的土壤。有了奇思妙想，人们才有可能创造出更多的精彩。因此，家长一定要善待孩子的"想入非非"，不要强行打断孩子的思路，要鼓励他们认真观察周围的事物，大胆地进行猜测和想象。有时候，答案并不重要，想象才是最有意义的过程。

1. 善于提出问题，引导孩子展开想象。

孩子的好奇心有强有弱。对于好奇心强的孩子来说，世界充满了疑问，总有新鲜的事物能够抓住他们的心，吸引他们去了解、去思考；而一个好奇心比较弱的孩子，可能更容易被动地接受老师、父母传授给他的知识，他们不太擅长主动探索周围的事物，甚至难以发现生活中的乐趣。这时，家长就要进行适当的引导，激发他们的想象力，进一步培养他们的观察力与创造力。

在日常生活中，家长可以多向孩子提问题，促使他思考。只要家长有心，就会发现，现实中的问题多得数也数不清。例如，家长可以问孩子："月亮为什么每个月只有两三天是圆的啊？""爷爷奶奶为什么这么喜欢你？""愚公是不是太笨啦？""如果人会飞，世界会变成什么样？"等等。面对这样的提问，孩子总会给你意想不到的答案。

孩子最害怕的，就是在回答问题之前，就知道自己一定会说错。如果家长在提问的时候，已经预备好了一个标准答案，那么孩子就会感觉到思考的压力，他们就不能做出随心所欲的猜想，这样，提问也就失去了意义。因此，家长不必挑选那些有标准答案的问题，更不要担心自己提出的问题自己也无法解答。要知道，只要留给孩子足够自由的空间，无论多么艰深的问题，孩子都能给你一个漂亮的答案。

2. 给孩子机会，解释自己的"胡思乱想"。

孩子的胡思乱想一般并不是毫无根据的"瞎猜"，他们总是能找到一些立足点。

当孩子把牛奶倒入了鱼缸，有的家长可能会立即发火，但如果家长能保持平静，给孩子一个机会说说自己的看法，也许会听到这样的解释："妈妈说过，喝牛奶对我的身体好。我想，鱼如果生活在牛奶里，不是会更健康吗？"当一个小女孩说"奶奶，我可不可以跟爸爸结婚？"时，奶奶可能会心惊肉跳："胡说什么，从哪儿学来的！"但是，如果能再问一句"为什么想跟爸爸结婚呢？"，那么可能会听到孩子说："因为爸爸能保护我，这样的话，别人就都不敢欺负我了。"

孩子没有成人头脑中的条条框框，自然就会有许多天马行空的想法。

家长应该首先对孩子的想法给予尊重和理解，挖掘孩子"胡思乱想"背后的情感和需求，切忌用成人的标准要求孩子，或者用管教的名义讽刺、挖苦孩子。

3. 鼓励孩子将想象转化为创造性的活动。

"想入非非"如果能在创造中体现出来，就具有了更高的价值。家长可以鼓励孩子多进行一些创造性的活动，例如画画、写作、弹琴、游戏等，鼓励他们在活动中进行创新，进一步完善孩子的想象力，增强他们的创造力。

家长可以告诉孩子，把鱼儿种到土地里，一定长不出小鱼，但是可以画一棵长满了鱼的树，或者写一篇神奇的小故事。这样的提议，既不会消磨孩子的想象力，又能够促使孩子的想象力在创作中得到升华。

名人语录

在所有人当中，儿童的想象力最丰富。

——[英国]政治家　麦考莱

想象，这是种特质。没有它，一个人既不能成为诗人，也不能成为哲学家、有机智的人、有理性的生物，也就不成其为人。

——[法国]思想家　狄德罗

思想和感受是天才中的两大类型：一类是有思想的人；一类是有想象力的人。

——[英国]政治家　本杰明•迪斯雷利

狄德罗

好奇 永远保持对这个世界的好奇

孩子心声："为什么许多问题，知道答案就没意思了？"

和孩子一起走路，许多家长都会发现，他们总是喜欢走那些弯弯曲曲、坑坑洼洼的小路。这些富于变化的路面，在孩子眼里，要比平坦的道路更具有吸引力，这就类似于一种"探险"，正好满足了孩子的好奇心。

好奇心是孩子的天性，是开启创意思维的钥匙，它能够激发孩子的求知欲望和探索热情。好奇心是一种积极的心理素质，也是社会发展和科技进步的重要推动力。美国著名科普作家阿莫尔夫认为：科学始于好奇。当代著名物理学家李政道也说过："要搞科学研究，就离不开好奇，只有好奇才能提出问题、分析问题、解决问题。"

孩子一出生，对世界的探索就开始了。有研究表明，零到三岁的孩子，好奇心是最强的，一切都不能阻止他们认识这个世界。每时每刻，他们都在看、在听、在感受。随着孩子的成长，他们可以用肢体语言指出令他们感兴趣的事物，或者爬向它们。随着语言能力的成熟，他们开始提出具体的问题，例如"这是什么？""那个呢？"紧接着，随着逻辑思维能力的发展，孩子的问题也变得越来越复杂，直到有一天，他们开始问："为什么？"

孩子的好奇心，需要家长的呵护。如果家长能够鼓励孩子提出问题，从小教育他"凡事多问为什么",并且积极寻找答案,孩子就能够养成独立思考的好习惯。相反,如果家长从不鼓励孩子观察世界、提出问题,或者面对孩子幼稚的提问不屑一顾,应付了事,那么孩子的好奇心就会被压抑,久而久之,他就不会主动思考和探索了。

小俊刚读了《愚公移山》的故事,他跑到厨房,问正在做饭的妈妈:"妈妈,为什么愚公要把山移走?"妈妈说:"因为他是个有毅力的人啊。这个故事告诉我们,只要有决心,坚持不懈,不管多难的问题都能解决。"

"但是,为什么他不搬家呢?"小俊又问,"这样不是简单得多吗?"

"这你不用管。"妈妈有点不耐烦,说道,"你只要明白故事要说的道理就行了。"

小俊听了,只好沮丧地走开了。

正在客厅休息的爸爸,听到了儿子与妈妈的对话。他把小俊叫到身边,对他说:"孩子,你觉得愚公只要搬家,就可以不用移山了,是吗?"爸爸温和地问。

"嗯。"小俊有点失落,不想再多说什么。

爸爸笑了,摸摸儿子的头,说:"你的问题问得真好,儿子。但是你觉得,愚公没想到这个办法吗?"

小俊想了想,说:"这么简单的办法,他应该也能想到吧!"

"是啊!"爸爸继续引导,"如果他想到了,只能说明他不想搬家。你可以想想,为什么愚公宁愿选择移山,也不肯搬家呢?"

听了爸爸的问题,小俊又来了兴趣:"是啊,为什么他宁愿移山也不愿意搬家?"

爸爸微笑着看着小俊,期待着他的回答。

"我想到了。"小俊突然兴奋地说,"也许,他的房子特别漂亮,他再也建不出那么漂亮的房子了,所以不肯搬家。"

"有可能。"爸爸说,"但是时代和技术在进步,一般来说,房子只会越建越好,怎么会不如以前的漂亮呢?"

"嗯……"小俊觉得爸爸说得有道理。突然,他又想到了一个原因,兴奋地说:"我知道了,一定是因为愚公和他的祖先世世代代住在那里,他们对那片土地有感情了,舍不得离开。所以,愚公宁愿再花几百年把山搬走,也不愿意搬家!"

"说得好!"爸爸赞道,"可能就是这个原因。但是,故事里却没说清楚,也许还有其他原因呢。孩子,你要是想到别的可能,再来告诉我!"

"好!"小俊听了爸爸的赞赏,高兴极了。

保护和激发孩子好奇心的最好办法,就是让他们知道,世界是无比丰富、无比神奇的,只要善于刨根问底,就可能从简单的事物中挖掘出大道理。那么,在日常生活中,家长应该怎样保护和培养孩子的好奇心呢?

1. 认真对待孩子的问题,不要敷衍了事。

当孩子提问的时候,家长开始可能会表现得很重视。但在孩子的一再追问下,家长很容易就会失去耐心,变得急躁,甚至还会斥责孩子。

要保护孩子的好奇心,家长首先要认真对待孩子的每一个问题,及时做出回应,不要让孩子觉得自己的问题无足轻重。

如果孩子提问的时候,大人正在忙,也不要以"没空理你"这样的话来打发孩子,而是可以说:"你先记着这个问题,等会儿我忙完了,你再来问我。"甚至可以补一句"不要忘记了。"这样可以让孩子感觉到自己的问题被重视,孩子的好奇心也就得到了尊重与保护。

2. 顺应孩子的兴趣，引导孩子提出更多问题。

孩子针对某一事物提问，说明孩子对这一类事物很感兴趣，家长一定要善于把握住孩子的兴趣点，顺应他们的思路，不要把问题的出口堵死。例如，当孩子仰望着夜空，问道："月亮上真的有嫦娥吗？"其实，孩子可能只是感觉到月亮的遥远和神秘，希望能够对它多一点了解。此时，如果家长没有把握住孩子的兴趣点，以一些科学的理论来回答孩子的问题，例如说："没有。你不是学过吗？月亮上只有荒漠，还有一些环形山。"这样，孩子的兴趣点就被忽略了，他可能对深奥的地理知识不感兴趣，也不想继续问下去了。

遇到这种情况，家长应该顺应孩子的思路，引导他提出更多的问题。例如，可以先问他："那你觉得有吗？"孩子可能说："我不知道，如果传说是真的，就应该有吧！但是传说到底是不是真的呢？"家长继续："很多人不相信传说是真的，但是，如果传说不是真的，怎么会有那么多人愿意相信？"

几乎所有的问题都可以被延伸，关键在于家长能否抓住孩子的兴趣点，积极地做出引导。

3. 拒绝标准答案，激发孩子的探索欲。

孩子经常会感到，有许多问题，一知道答案就没意思了。这是因为，标准答案限制了孩子的想象，阻断了他们探索的欲望。

家长在回答孩子问题的时候，要尽量避免给他们一个绝对的答案。即便在家长看来问题"是这样的"，也要告诉孩子"这不一定"。

例如，当孩子问"真的有天堂吗？"，或者"有没有人拥有超能力？"时，家长可以告诉孩子："我觉得是这样，但不一定。"或者："人们对这件事情有不同的看法，至今仍没有一致的结论。"

面对一些深奥的问题，例如："宇宙有多大？"或者："人活着是为了什么？"，开放式的回答可以激发孩子强烈的探索欲，他会觉得，这个问题还没被解答，没有标准答案，就如同一座还没被征服的山峰，等待着那个征服它的英雄。很明显，这个英雄也可能是他自己。

名人语录

好奇心造就科学家和诗人。

——[法国]作家　阿纳托尔·法朗士

好奇心是智慧富有活力的最持久、最可靠的特征之一。

——[英国]作家　塞缪尔·约翰逊

孩子提出的问题越多，那么他在童年早期认识周围的东西也就越多，在学校中越聪明，眼睛越明，记忆力越敏锐。要培养自己孩子的智力，那你就得教给他思考。

——[苏联]教育家　苏霍姆林斯基

塞缪尔·约翰逊

释放个性，在童年的"田野里"撒欢

孩子心声："妈妈，我不在乎衣服脏，我只想在草地上打个滚儿。"

从父辈们口中，我们得知他们那个年代的孩子，都是一些"顽童"。每一天，他们都在无忧无虑地玩耍，他们与水玩儿，与泥巴玩儿，与蜻蜓和蛐蛐玩儿……

而在现代社会里，城市很大，孩子们自由活动的天地却很小。那种尽情释放天性的快乐越来越少了。

小雅是个懂事的孩子，很听爸爸妈妈的话，在学校里，也是个同学、老师都喜欢的好学生。但是，最近一段时间，妈妈发现，小雅的性格越来越内向了，她变得特别不爱说话，每天放学回到家，吃完饭就回到自己的房间里。周末和假期，小雅也总是喜欢宅在家里，妈妈让她陪自己去逛商场，她也不去。

妈妈有点担心，于是问她："小雅，你是不是有什么心事？"

"没有啊。"小雅说，"我不是好好的吗？"

"那你怎么不爱出门了呢？"妈妈问，"老是一个人待着，闷闷不乐的。"

"哦，我觉得出去没意思。"小雅回答，"还不如待在家里看书。"

妈妈只好不再问。

有一天，小雅去上学了，妈妈给女儿收拾房间的时候，看到她的日记本放在桌上。虽然知道看孩子日记是不对的，但出于对女儿的担心，妈妈还是翻开了日记本。

"有时候，我真羡慕那些农村的孩子。他们虽然很穷，但是每一个人都很自由、很快乐。他们可以无拘无束地玩儿，去大山里、去草地上、去河边……他们一定总是逃课，和朋友一起胡闹、玩耍、搞些恶作剧，甚至还可以在朋友家里过夜，两个人窝在被窝里，或者并排躺在房顶上看星星……

"当然，有一个重要的前提是，爸爸妈妈都不管他们！爸爸妈妈忙着干农活，没精力关心他们，让他们随便玩儿去吧！这多好！如果他们把衣服弄脏了，或者惹了祸，爸爸妈妈不会紧张兮兮地给他们换上干净的衣服，或者苦口婆心地讲大道理。爸爸妈妈可能会把孩子打一顿，真的，就算挨打也是好的……"

看了女儿的日记，妈妈愣住了。难道小雅希望爸爸妈妈不管她吗？她希望自己是个没人关心的孩子吗？到底哪里出了问题？

很多家长都循规蹈矩地培养着自己的孩子，不敢越雷池一步。殊不知，夺走孩子本应"无法无天"的童年，代价是巨大的。在数不清的教条与规矩下成长起来的孩子，何谈个性与快乐呢？

那么，家长如何才能不侵犯孩子的天性，让他们拥有一个"无法无天"的快乐童年呢？

1. 学会放手，不要过度关注孩子的需要。

在现实生活中，家长的爱，往往表现在对孩子的过度关注上。这样的

爱，会给孩子带来无形的压力，让他们的个性无法释放。

家长生怕孩子受了委屈或者遭遇危险，过分关注孩子的一举一动。孩子摔倒了，家长马上扶起来；孩子衣服脏了，家长立刻给他换上新的；孩子跟小伙伴起了争执，家长立即出面调停；孩子要尝试做一件新的事情，家长马上说"危险！"……越是懂事的孩子，越能够感受到父母的忧虑，这种忧虑让孩子觉得自己是在犯错。久而久之，他们也会认为，自己不能做一些"出格"的事情，让父母操心，于是，慢慢地压抑了自己的天性。

当然，适当的关注是必需的，家长要让孩子明白：只要他需要帮助，家长一直在他身边，这就足够了。

2. 为孩子创造自由的玩乐空间。

越来越多的孩子喜欢把自己关在家里，为什么？有些家长可能会说："他自己喜欢待在家里。"其实，一个很"宅"的孩子背后，必定有一个很"宅"的家长。

要让孩子有一个更丰富的童年，家长就要给孩子创造更广阔的玩乐空间。不要担心外面的世界总是隐藏着危险，要鼓励孩子多出去，到广场上、到公园里、到草地上……如果条件允许，还可以带孩子去爬山、去郊游，或者给他一辆自行车，让他自己去探索好玩儿的地方。

3. 孩子淘气，家长的惩罚要尽量简单。

孩子的想象力与破坏力是无穷的，俗话说"三天不打，上房揭瓦"。

对于淘气惹事的孩子，家长当然要管，但是，家长的惩罚，一定要做到尽量简单，比如罚他一个月不许吃零食或者洗一个星期碗，等等。

　　我们曾经为欢乐而斗争，我们将要为欢乐而死。因此，悲哀永远不要同我们的名字连在一起。

　　　　　　　　　　——[捷克]作家　伏契克

　　快乐是一种奢侈。若要品尝它，绝不可缺的条件是心无不安。心若不安——即使稍受威胁，快乐就立刻烟消云散。

　　　　　　　　　　——[法国]作家　司汤达

　　允许孩子们以他们自己的方式获得快乐，难道还有比这更好的方法？

　　　　　　　　——[英国]作家　塞缪尔·约翰逊

司汤达

担当 勇于承认错误，为自己的行为负责

孩子心声："请别对我失望，我可以对自己的过错负责。"

自己做决定、按自己的计划行事、自己承担后果，这是一个全方位的学习过程。在这个过程中，孩子的想象力、逻辑思维能力、创造力、自主精神、与人合作的能力、独立处事的能力、心理承受力都能得到锻炼。当然，要获得独立行事的资格，一个孩子首先要学会的是敢做敢当，勇于承担一切后果，为自己的行为负责。

敢于担当，不仅仅意味着诚实，也意味着能力与勇气。尝试独立做事情，总会遭遇失败；在成长的过程中，孩子总会犯错。敢做敢当的第一步，就是要勇于承认错误，为自己的行为负责。

有位 11 岁的美国男孩儿，踢足球时不小心打碎了邻居家的玻璃，邻居索赔 12.5 美元。在当时，12.5 美元可以买 125 只鸡蛋。对于一个几乎没有任何收入的孩子来说，这不是一笔小数目。

闯了祸的美国男孩，心里忐忑极了。向父亲认过错后，他小心翼翼地等待着父亲的责罚。但是，没想到，父亲不仅没有训斥他莽撞，也没有埋怨他给家里带来了麻烦，只是简单地说了一句："这没什么，不过你得为自己的过失负责。"

男孩儿想了想，为难地说："可是，我没有钱赔给人家。"

父亲从钱包里数出 12.5 美元，交到男孩手里，说道："这是 12.5 美元，我先借给你，一年后必须还给我。"

接过父亲的钱，男孩儿亲自到邻居家认了错，并且把钱还给他们。

之后，每逢周末、假日，男孩儿便去打零工。经过半年的努力，他终于凑足了 12.5 美元，一文不差地还给了父亲。

这个男孩，就是后来成为美国总统的里根。在回忆这件事时，他说："通过自己的劳动来承担过失，使我懂得了什么叫责任。"

相对于犯错可能会面临的惩罚，父母的埋怨会给孩子造成更大的压力。有时候，最让孩子担心的，并不是自己要挨罚，而是父母会对自己失望。

那么，家长应该怎样培养孩子敢于担当的精神呢？

1. 以身作则，父母要为孩子做出"敢做敢当"的表率。

家长要让孩子知道，谁都会犯错，即便是父母也不例外。家长应该勇于向孩子承认错误，为孩子做好表率。有时候，家长也可以给孩子讲一讲自己曾经犯过的错，用一种尽量轻松的语气，减轻孩子对"犯错"产生的心理负担。

2. 家长要主动承担应尽的义务，减轻孩子的心理压力。

有时候，孩子在学校里闯了祸，老师要请家长。有些家长觉得被老师叫去很没面子，就托故不去，让孩子一个人去面对。殊不知，孩子夹在老师和家长之间，背负的心理压力是很大的。这只会让孩子更加害怕犯错，也更害怕被家长知道他们犯了错。

3. 能承担的责任自己承担，要求孩子敢做敢当。

当孩子犯了错，如果他自己完全可以承担责任，家长尽量不要介入。

如果孩子"伤害"了别人，让他自己去道歉，争取对方的原谅；如果孩子不小心砸碎了教室的窗户，让他自己积攒零用钱去赔偿，等等。

只有孩子自己体验到错误行为的后果，才能产生深刻的教训，帮助孩子真正做到"下次再也不这样了"。久而久之，孩子也能学会主动预测行为的后果，掂量自己的行为是否可取，从而自觉地约束自己的行为，做出负责的决定。

名人语录

要使一个人显示他的本质，叫他承担一种责任是最有效的办法。

——[英国]作家　毛姆

永远不要因承认错误而感到羞耻，因为承认错误也可以解释为你今天更聪敏。

——[古罗马]诗人　维吉尔

当一个孩子意识到他不仅有坚持真理的权利，而且有犯错误的权利的时候，他就已长成了大人。

——[匈牙利]心理学家　托马斯·萨斯

毛姆

专注　没有风的池塘，才不会掀起波澜

孩子心声："不是我不认真，是外面的世界太动人。"

专注力，是一项非常重要的品质。有了超强的专注力，人无论做什么事，都可以事半功倍。

一般来说，孩子的专注力总是强于成人，因为他们脑子里、心里装的事情少，没有太多的打扰，不管干什么都能更专心。但是许多家长总是抱怨自己的孩子不认真、不专注。他们总是一会儿看看这儿，一会瞧瞧那儿，本来一个小时可以完成的作业，可能三个小时都写不完。其实，孩子过早地丧失了专注的能力，多半也是受到周围环境的影响。

小松上五年级了，作业越来越多，每天都要写到很晚。

有一天，妈妈在路上遇到了小松同学的家长，两人聊起了孩子的学习。

小松妈妈说："现在孩子的作业真是太多了，每天都写到很晚啊！"

那位家长却说："怎么？我家孩子还好啊，一般两个小时就都写完了。"

小松妈妈觉得不对劲了，怎么别的孩子两个小时就能写完的作业，自己的孩子却要用四五个小时？两个孩子的学习成绩差不多，这里面一定有问题。

回到家里，妈妈对小松说："儿子，以后写作业，只准写到晚上十点。十点以后，一个字都不许动，你可以玩儿，或者休息。"

"我写不完啊！"小松着急地说，"写不完，老师要批评的时候，我就说是你不让我写的！"

"你可以这么说。"妈妈一笑。

随后，妈妈把小松房间里的玩具、课外书全部收走，只留下一张干干净净的写字台。开始的几天，小松真的不能按时完成作业，被老师批评了几次，回来就找妈妈诉苦，还哭过几次。慢慢地，小松也不诉苦了，回到家就开始写作业。

一天，妈妈问："孩子，你最近被老师批评了吗？"

"没有啊。"小松一脸无事的样子。

"作业都写完啦？"妈妈笑着追问。

"是啊。"小松说，"我也觉得奇怪，我最近写作业越写越快。妈妈，我都不敢相信自己了。"

听了孩子的话，妈妈满意地笑了。

要知道，没有风的池塘，才不会掀起波澜。孩子在做一些他感觉枯燥的事情时，周围一切乐趣都在向他招手，让他完全无法专心做自己的事。

那么，我们应该怎样培养孩子的专注力呢？

1. 让孩子养成好习惯，每次只做一件事情。

为了让孩子养成集中精神、心无旁骛的好习惯，家长可以在日常的学习、生活中，故意给孩子安排很多任务，让他去完成。孩子小，没办法有条理地把事情做好。在他做得一塌糊涂的情况下，家长就可以告诉他，每次集中精力、专注地做一件事情，才是最好的处理方法。

2. 不要多想，尽力完成眼前的任务。

有的孩子在准备做一些枯燥的事情时，可能会对父母提出这样的问题："写完作业我要干什么呢？能不能看一会儿电视？"这时，有些家长为了给孩子动力，可能会说："可以，只要写完作业，你可以看电视或者玩游戏。"这种讨价还价的方式会让孩子觉得，自己完成作业只是为了获得做其他事情的自由，那么他便不会把注意力集中在作业上，容易应付了事。在这种情况下，家长应该对孩子说："你现在的任务只是把作业认真做好，至于完成作业后要干什么，先不要去想。"

3. 有意识地训练，增强孩子的专注力。

要培养孩子的专注力，家长还可以有意识地对孩子进行训练，给孩子布置一个任务，答应完成后给他奖励。

例如，给孩子一本薄薄的书，可以是绘本，也可以是一个简单的故事，让他在一个小时内看完，然后把书里的故事绘声绘色地讲出来。目标明确了，再加上奖励的鼓舞，孩子就能积极投身于"工作"当中，认真、专注地去做这件事情。

4. 玩一个玩具，就要玩儿得透彻。

现在的许多孩子，都是在玩具堆里长大的。家长为了哄孩子开心，会给他们买许多的玩具，这个玩腻了，换一个；那个不喜欢了，干脆丢掉。其实，当孩子的眼前摆满了各式各样的玩具，他们自己都不确定要玩哪个，也就更别提什么专注了。

家长给孩子买的玩具，应该少而精，关键是要让孩子玩出创意，玩出兴趣。孩子的想象力很丰富，只要他们愿意，他们完全可以把简单的玩具玩复杂，并且从中找到乐趣。这样一来，没有过多的选择分散孩子的注意力，他的专注力也能得到提升。

当孩子的专注力提高了，他就能以百分之百的精力投入当下所做的事情。这样的孩子，更容易形成坚韧、冷静的性格，也能够更加热情、认真地投入到学习与生活中。

名人语录

思心一至，不闻雷霆。

——[中国]三国时期魏国思想家　刘邵

我知道必须让孩子们有所专心，怠慢是孩子们最可怕的危险。

——[法国]思想家　卢梭

人的思想是了不起的。只要专注于某一项事业，那就一定会做出使自己吃惊的成绩来。

——[美国]作家　马克·吐温

任凭怎样脆弱的人，只要把全部的精力倾注在唯一的目的上，必能使之有所成就。

——[古罗马]政治家　西塞罗

一个人做事不专，这样弄一点，那样弄一点，既要翻译，又要作小说，还要作批评，并且也要作诗，这怎么弄得好呢？

——[中国]作家　鲁迅

鲁迅

"同情"的种子能开出最美的花朵

孩子心声："我知道我很幸运，但别拿他人的苦难来教育我。"

英国哲学家弗朗西斯·培根曾经说过："同情是一切道德中最高的美德。"没有同情心，人与人之间就无法相互理解，人们不可能真诚地去爱别人，也不会被人所爱。

拥有同情心的人，往往是善良的。他们更容易关心他人，也更容易看到他人的痛苦。他们能够设身处地为别人着想，不冷漠、不自私。因此，他们也更容易得到他人的信任。

有调查表明，孩子同情心的萌发最早出现在一岁左右。这时候，孩子能通过面部表情感受到他人的痛苦，并且可能会用某种特殊的方式来表达一下安慰。许多父母都反映，自己12～14个月大的小孩，已经会试着去安慰一个哭泣的小伙伴。随着孩子自我认知的发展，他们对别人的遭遇和感受也有了模糊的认识。一般来说，四岁的孩子，已经能够清晰地感知到别人的感受了。这时候，父母便可以通过有意识的引导，进一步培养孩子的同情心。

东东和妈妈去逛街，看到路边坐着一个老人，穿着破破烂烂的衣服，头发也脏兮兮的。老人面前，铺着一张写满字的白纸，还有一个破旧的、用来装钱的纸箱子。

东东拉起妈妈的手，喊道："妈妈，快走！脏死了。"说着，他领着妈妈加快步伐。妈妈有点吃惊，停下脚步，问道："儿子，你不觉得那个老人很可怜吗？"

"可怜什么？不就是要饭的吗？"儿子不屑地答道，"奶奶说了，这些要饭的都是骗子。"

妈妈又愣住了，没想到，儿子竟然一点也不同情这个老人。

在街边的甜品店里，妈妈给东东买了一碗甜品，让他吃着。

"妈妈，你怎么不吃？你不高兴吗？"看见妈妈心事重重的样子，东东问道。

"孩子，妈妈在想刚才那个老人。"

"想他干什么？"东东说，"这样的乞丐可多了，我都见过好几次。"

妈妈说："我在想，不管那个老人是不是骗子，他都很不幸啊！每天独自坐在路边，从来没有人和他说话，还要被路人嘲笑、被人挖苦。如果有更好的办法，谁也不会去当乞丐。不知道他经历了什么，才会过得这么辛苦啊！"

东东想了想，说："我估计他是无路可走了，也没有亲人，只好想到这个办法。"

"是啊！如果所有人都觉得他是骗子，不给他钱，说不定，他就活不下去了。"妈妈继续说，"毕竟他已经那么老了……"

"他比爷爷还要老，一定过得很辛苦。我们回去的时候给他点钱吧！"东东说。

通过关注他人的遭遇和感受，孩子能够认识到自己所拥有的幸福，也对世界和人性有了更加深刻的理解。有些苦难，孩子没有经历过，但同情丰富了他们的想象，让他们明白生活的艰辛。当孩子懂得了幸福得来不易时，他就能够懂得珍惜生活，同时也不会表现得冷漠。

那么，如何才能培养出一个富有同情心的孩子呢？

1. 学会换位思考，理解他人的情感和需要。

同情，意味着站在他人的角度去看、去想。在日常生活中，家长可以把握住一些具体情境，引导孩子学会换位思考，理解他人的情感和需要。

例如，爷爷生病了，家长可以对孩子说："爷爷以前每天都陪你玩儿，可是他现在生病了，身体很不舒服。"当孩子感到有点难过时，家长可以进一步提出："如果你去和爷爷聊聊天，或者给他端一杯水，他就一定会很开心。"

2. 对自然生命的爱，是培养同情心的土壤。

当孩子慢慢建立起对生命的认识时，他往往会觉得，周围的一切都是有生命的，小花、小草、小动物，也都是有感情的。

这时，家长要珍惜孩子对自然和生命的热爱，这种热爱不仅是孩子社会性道德发展的基础，也是孩子同情心丰富的表现。

3. 家长注意自己的一言一行，为孩子做好榜样。

如果家长在生活中表现得冷漠、自私，孩子也不会学着关心他人。因此，家长要为孩子做好榜样，让他们在耳濡目染中学会同情。

日常生活里，遇到需要帮助的人，家长要提供力所能及的帮助，不要以"不是我的事"为理由拒绝帮助他人。在公车或地铁上遇到了老人或残疾人，家长应该主动让座，这样就能促使孩子思考："妈妈给那个人让座，是因为他身体不好，需要帮助。"

4. 警惕"苦难教育"，避免伤害孩子的同情心。

有许多家长，把别人的痛苦生活拿来与孩子进行对比，希望让孩子意识到自己的幸福，学会知足。这样的做法，是不可取的。例如，在街上遇到一个清洁工，家长对孩子说："你不好好学习，以后像他一样扫大街！"工作并无高低贵贱之分，家长的这种说法会让孩子觉得，学习不好的人才去扫大街，这样，孩子就不会尊重他人，更别提同情他人了。

波斯诗人萨迪曾经说过："谁对别人没有同情心，他自己也不会得到怜悯。"只有善于同情他人的人，才会得到别人更多的爱。

名人语录

一个人如果对陌生人亲切而有礼貌，那他一定是一位真诚而富有同情心的好人，他的心常和别人的心联系在一起，而不是孤立的。

——[英国]哲学家 培根

使得人们心肠冷漠的是，每个人也有着或者自认为有着自身也不堪负担的苦恼。

——[德国]哲学家 叔本华

过多的同情是错误的。当然，过少的同情更是错误的。在这方面，就像其他任何事情一样，走极端都是不好的。

——[英国]学者 罗素

叔本华

表达 不要害怕，勇敢表达

孩子心声："我不是哑口无言，也不是理屈词穷。我只是心里有话说不出。"

语言，是人们最常用的表达方式，也是人们最重要的沟通途径。英国著名作家塞缪尔·约翰逊说过："语言是思想的外衣。"如果缺少了语言表达，人们就难以进行深入的思想交流，人与人之间的相互理解也不可能实现。

语言表达水平的优劣，往往暗示着一个人思维水平的高低。如果一个人的内心世界很丰富，但无法将内心的想法准确地表达出来，那么再好的思想也会被浪费。

研究表明，2～5岁是儿童语言发展的关键时期。在这段时期，家长要尽力帮助孩子发展他们的语言词汇，强化他们的语言逻辑，让他们形成良好的口头表达习惯，这也是日后发展孩子智力、书面表达能力、知识理解能力的前提。

班上开辩论会，论题是："男孩可以像女孩一样，想哭就哭"。
正方观点：男孩可以像女孩一样，想哭就哭。
反方观点：男孩不应该像女孩一样，想哭就哭。
方方和其他两个同学一起，组成了正方小组。在辩论会开始之前，大家积极地准备着各自的论据，双方都信心百倍。

辩论会开始了，许多家长来到学校，观看这场辩论，方方的妈妈也来了。两方各自摆出论据，辩论得热火朝天、不相上下。这时，反方的同学对方方说："你同意这个观点，是因为你太懦弱，想为自己的'哭鼻子'找借口，这算什么男子汉？"

"我没有找借口，谁说哭了就不是男子汉？"方方辩驳道，同时望了一眼台下的妈妈。妈妈紧张地看着儿子，默默为他加油。

"你见过哪个男子汉，成天动不动就哭鼻子？"反方同学追问道。

"不是动不动就哭鼻子……"方方坚持着，"我只是说，男孩应该有和女孩一样的权利……"

"哈哈！你只会跟女孩比，就不是男子汉！羞不羞？"反方的同学哈哈大笑起来，台下的许多家长也笑了起来。

方方急得面红耳赤，他觉得自己有道理，只是不知道该怎么说。在大家的笑声里，方方低下头，眼泪不争气地掉了下来。

"你看你看！自己说不过别人，就哭起来了！这算是男子汉吗？"反方的同学逮住了机会，不肯放过。

方方低着头站在那里，哭得更厉害了，老师赶快制止同学们的辩论。方方的妈妈在台下看着儿子，感到心疼极了……

在现实生活中，有些人为人处世，总是显得木讷、呆板、迟钝、缺乏自信，这很可能只是因为他们不善言辞。孩子也是一样。许多父母抱怨自己的孩子不爱说话，或者不懂得与人争辩，因此认定孩子是胆小、没主见。其实，孩子的心里可能有许多想法，只是不知道该如何表达。

那么，我们该如何培养一个能说会道、能言善辩的孩子呢？

1. 训练孩子的语言表达能力，要从小开始。

婴儿时期是一个人语言学习的开端。婴儿可能听不懂别人说话，但他们无时无刻不在学习。因此，不管孩子能不能听懂，家长一定要多对孩子说话。此外，家长还可以给幼儿播放语音，或者有简单歌词的歌曲，帮助他们建立模糊的语感，这都会对孩子未来的语言发展有所帮助。

2. 给孩子读故事，培养他们的语言能力。

有许多家长，平日里工作很忙，很少有时间给孩子读故事。其实，给孩子读故事，好处是非常大的。家长可以每天晚上给孩子读一个小故事，然后让他把昨天的故事复述出来。如果孩子讲不出来，家长就再读一次。这样由短到长，持之以恒，等孩子到了五六岁，便可以做到"过耳不忘"——前一天晚上听过的故事，第二天晚上几乎可以一字不落地复述出来。

孩子在听故事的过程中，记忆力得到了训练，语言理解、语言表达能力得到了提升，同时也积累了不少精彩的词汇。家长如能好好利用孩子的语言敏感期，耐心地加以培养，也许就能够塑造出一个语言和记忆的天才。

3. 阅读，是增强语言表达能力最有效的方法。

读书，是增强语言表达能力最有效的方法。

在孩子刚学会说话的时候，家长可以给孩子看一些绘本、画册，并引导孩子将画面内容转化成语言。等孩子学会了认字，家长就要给孩子准备更多的童书。同时，家长要照顾到孩子的阅读兴趣，尽量挑选他们喜欢的内容。

此外，一定要注意，读书不在多，在精。如果孩子能够反复阅读一本他所喜欢的书，那可能比粗略地读上十本书要有用得多。

4. 认真和孩子对话，鼓励孩子表达看法。

家长对孩子说话，要注意语气和方式。许多孩子会模仿父母的语言表达习惯，因此，在与孩子聊天时，家长要注意自己的用词是否准确、逻辑是否清晰、论据是否合理，语速要尽量稳定，避免使用太多口头禅和语气助词，以免让孩子感觉费解。

孩子说话时，家长要认真倾听，使孩子感到自己被尊重，自己的意见有价值。面对孩子提出的不同观点，家长不要轻易否定，而是要鼓励他们说下去，把自己的理由表达充分。必要的时候，家长还可以站在他们的角度，进行补充性的引导。一个不被倾听的孩子，只能把所有的话都憋在肚子里，久而久之，自己也不知道该怎样说出来了。

语言，伴随孩子的一生，只有具备丰富的语言表达能力，他们才能完全地表现自己，才能合理地阐述自己的意愿，才能在不伤害别人的前提下，充分地说服别人。

名人语录

说话周到比雄辩好，措辞适当比恭维好。

——[英国]哲学家　培根

读完书后，要进行讨论，这样可以提升自己的倾听能力和表达能力。

——[美国]政治家　希拉里

一人之辩，重于九鼎之宝；三寸之舌，强于百万之师。

——[中国]南北朝文学理论家　刘勰

希拉里

第四章

校园正能量，培养未来领袖素质

校园是孩子除家庭以外最重要的活动场所。对于孩子来说，校园不应该只是学习的地方，它应当拥有更加广阔的含义。当孩子踏进校门，融入一个新的环境时，家长们一方面充满期待，同时也有点手足无措，不知如何帮孩子迈好这一步。

秩序 在孩子心中种下文明之根

进入校园，对于孩子来说，首先意味着服从秩序。

在学校里，不是只有一个孩子，而是有几十、几百，甚至上千个孩子。在群体中，每个孩子所受到的个别关注都会减少。因此，他们需要学会服从秩序，以确保自己的安全，确保整个集体的课堂学习，确保学校活动的正常开展。

学会在群体中服从秩序，对孩子的未来非常重要。在现实生活中，不懂得服从秩序，是缺乏素质的表现。这样的人，不仅会遭到群体的排斥，做事情也容易缺乏效率、遭遇失败。

现实生活中，有许多孩子害怕走进学校，他们会想："一进学校的大门，我就不自由了。"实际上，秩序的存在就是为了保证自由。在群体里生活，如果每一个人都只凭自己的意愿做事，那么必然会对他人造成影响。

体育课上，老师让佳佳和几个同学轮流玩儿一根跳绳。

佳佳是个懂事的孩子，从小，妈妈就教育她要遵守秩序，玩儿玩具的时候，谁先拿到谁先玩儿，后来的人要学会等待。

佳佳耐心地等着前面的小朋友，心里默默地数着，1、2、3，再有3个人，就轮到我了……终于轮到佳佳了，这时候，后面的一个孩子突然跑上前，一把将跳绳抢到手里，玩儿了起来。佳佳心里很生气，但还是想：他这样做是不对的，但是我不跟他计较。

没想到，这个孩子"插队"的行为让其他孩子看到了。于是，大家一拥而上，挤成一团，都不肯乖乖地排队了。

佳佳被同学们挤了出来，委屈地站在一边，心想："难道为了守秩序，我就永远都要吃亏吗……"

每个孩子在成长过程中，都会经历一个"秩序敏感期"，一般发生在 2~5 岁。家长要善于观察，及时把握孩子的敏感期，培养孩子的秩序感。同时，家长要对孩子进行必要的教育和引导，让他们懂得在遵守秩序的同时，也要维护自己的利益。

1. 给 0~6 岁孩子的三条基本规则。

规则能够节约孩子的成长成本，让孩子自由地发展潜力，自由地解决问题，自由地承担责任。

（1）不伤害自己。不伤害自己，是一切秩序的前提。唯有先学会保护自己，孩子才能够在遵守其他秩序的过程中，守住自己的界限，维护自己的利益。同样，只有懂得不伤害自己，孩子才能明白如何尊重别人，这是遵守群体秩序的基础。

（2）不打扰他人。秩序的本质，是保护自己和他人都享有足够的自由。孩子小的时候，家长就要教育他们，不能轻易打扰别人，不能妨碍他人的自由。只有在这个前提下，一个人才能开展自己的活动。

（3）不破坏环境。这里所说的环境，一般是指"公共环境"。孩子要知道，即便是家庭，也不只属于他一个人，而是爸爸、妈妈和他的公共环境。环境是大家的，破坏环境，就相当于侵犯了别人的利益。

2. 家长要以身作则，遵守公共秩序。

学校是一个小社会，社会是一个大校园。家长的一言一行，都会成为孩子模仿的对象。因此，家长要规范自己的行为举止，为孩子做出好的榜样。例如，买票时要耐心地排队等待、在公共场合不要大声喧哗、不乱丢垃圾、过马路走人行道、不随意在路边停车……这些行为，都能够给孩子带来潜移默化的影响，让他们明白，在群体中生活，遵守秩序是必需的。

3. 制定好的规则，不能随意更改。

家长为孩子日常生活制定的规则，要与学校的规则一样，定下了，就不能随意更改。例如，家长教育孩子要取物归位，如果有一次家长没有做到，千万不要说："这个东西放在哪儿也不影响什么，别那么较真儿。"要知道，许多破坏秩序的人，心里都抱有类似的想法。这时，家长应该主动承认错误："我忘记了，是我的错，你以后可以监督妈妈。"

另外，给孩子确立秩序时，家长不应该随心所欲，想起一出是一出，例如："坐着不动就是好孩子。""不睡觉，妈妈就不喜欢你了。""不给别人玩儿，就是自私鬼。""谁先抢到，就是谁的东西。"……这些混乱的、临时性的规则，会让孩子感到迷惑，不利于他们形成良好的秩序感。

4. 遵守群体秩序，同时维护自己的利益。

有些孩子能主动做到遵守秩序，有些孩子却不能。在现实生活中，孩子会发现，遵守秩序总是让自己"吃亏"。当一个孩子遇到别人抢他的东西，或者被别人欺负的时候，内心便会感到委屈，觉得不公平。这时候，家长要教给孩子必要的方法，让他们学会在遵守群体秩序的同时，维护自己的正当利益。

美国著名的政治思想家塞缪尔·P·亨廷顿曾经说过："首要问题不是自由，而是建立合法的公共秩序。人类可以无自由而有秩序，但不能无秩序而有自由。"秩序与自由紧密相连，一个不懂得遵从秩序的人，只会在群体中处处碰壁，难以获得真正的愉悦和满足。唯有一个懂得如何遵守秩序的人，才真正拥有自由的力量。这，便是培养孩子秩序感的最终意义。

名人语录

秩序意味着光明和安宁，意味着内在的自由和自我控制；秩序就是力量，……秩序是人类最大的需要，是真正的幸福所在。

——[瑞士]哲学家 阿米尔

不以规矩，不能成方圆。

——[中国]战国时期思想家 孟子

在人类中，秩序起着支配作用，这就证明了理性和道理最为强大。

——[法国]作家 沃夫拿格

孟子

责任　在学习中学会付出与责任

在自然界里，所有的生命在诞生之后，都要经历一段时间的成长。一头小狮子从生下来到学会自己捕猎，大约需要两到三年；刚破壳的雏鸟要经历一个月左右的成长，才能开始学习飞翔。

成长，是所有生命来到这个世界上逐步学会适应和面对周遭事物所必需的过程。在这个过程中，一个生命要抓紧时间对自己生理和心理的各个方面进行完善，学习必要的本领，以便未来能够独立生存。

校园，便是为成长中的孩子所准备的一个大课堂。在校园里，孩子能够系统地接受自己在成人之前所需要的各种教育。要让孩子清楚，自己在学校最主要的任务就是学习，而学习，是为了更好地成长。

阿超已经十岁了，他活泼开朗，积极向上，在学校里也有很多好朋友。可是，他唯一的问题就是不爱学习。每次一走进教室，他就像变了个人似的，无精打采。

有一天，阿超听老师偶然讲到"童年应该是无忧无虑的"，这让他陷入了沉思。他想："我以前的确是无忧无虑的，可是现在呢？每天都要学习、学习、学习……我的童年为什么越来越不快乐了?"

回到家里,阿超问妈妈:"妈妈,您说,童年应该是无忧无虑的吗?"妈妈说:"当然是了。孩子什么都不需要操心,更没有生存的压力,怎么不是无忧无虑?"阿超追问道:"既然是无忧无虑的,那你们怎么每天都要我学习?"听了儿子的话,妈妈停下了手中的家务,认真地思索了几秒,然后看着儿子的眼睛,说:"可是孩子,你有没有想过,如果不学习,你凭什么当个孩子?"

听了妈妈的话,阿超突然感到自己无言以对……

1. 孩子,你的责任从来都是学习与成长。

有一些教育理论认为,对于六岁以下的孩子来说,生活的主要任务就是玩耍。但这里的玩耍就是学习,也可以说,学习就是玩耍,这两者之间没有明确的界限。

玩耍不是目的,目的是让孩子从中学习到一些东西;上学和写作业不是责任,学到知识、学着成长才是最终任务。孩子需要意识到自己的责任,家长也需要明确孩子的任务。

2. 明确"上课"与"学习"之间的区别。

现实生活中,许多家长把学习与上课完全等同起来,似乎孩子只有在课堂上才能学到知识,只有考了好成绩,才算掌握了必需的知识。这样的看法是不全面的。

我们都知道,成长过程中所需要掌握的知识,并不只是语文、数学、英语、历史、化学等具体的学科知识,还包含处理现实问题的能力,良好的品格和素质,以及其他一些"秘密"的学习任

务，例如，交友、竞争、爱，等等。因此，家长把孩子的"成绩不好"总结为"学习不好"，是有失偏颇的。一个成绩不理想的孩子，同样可能拥有很强的学习能力，同样可能在某些方面表现得很出色。

"上课"与"学习"之间的区别提醒家长，不要只是关注孩子的学习成绩，而是要全面地看待孩子各方面的表现。家长应该多提醒孩子，虽然在学校里大多数时间都是在上课，但是在课堂之外，他依然可以学到很多其他的知识。

3. 关注孩子在课堂之外的收获。

要全面看待孩子的学习与成长，家长就应该随时与孩子保持交流。例如，问问孩子："这个星期，你在学校有什么收获？"或者："有没有结交新的朋友？""你学会了哪些新的游戏，完成了哪些任务？"这样的交流也是在提醒孩子，学习任务并不是只能在课堂上完成，也不是只与课本有关。要激发起孩子更广阔的学习兴趣，让他们主动、充分地利用起校园时间，从校园生活的方方面面学习知识和技能。此外，对于孩子在课堂之外学习成果的肯定，也会让孩子更容易产生成就感，这会让他们在日后的学习中更主动、更有信心。

4. 学习必要的知识，是为了更好地了解世界。

家长首先要让孩子知道，学习是为了更深入、更全面地了解这个世界，同时也可以让自己的智力获得全方位的发展。

当然，学习有时候是枯燥和乏味的，家长应该及时与孩子进行沟通，让他们知道，人在每个阶段都要承担不同的责任，而学习是自己作为一个孩子最重要的责任，不能因为困难就放弃。此外，家长也可以尝试通过其他方法，引导孩子提升对学习的兴趣。

每一个人都应该有这样的信心：人所能负的责任，我必能负；人所不能负的责任，我亦能负。如此，你才能磨炼自己，求得更高的知识而进入更高的境界。

——[美国]第 16 任总统　亚伯拉罕·林肯

学习是劳动，是充满思想的劳动。

——[俄罗斯]教育家　乌申斯基

责任就是对自己要求去做的事情有一种爱。

——[德国] 思想家　歌德

亚伯拉罕·林肯

自律 培养自律而非他律的孩子

　　自律，就是一个人对自己的生理、心理、情绪、行为等方面施加影响，适时地调整和监控自己的能力。孩子的自律能力，是家长们普遍关心的一个问题。因为在现实生活中，要想顺利地完成一件事情，就离不开良好的自我控制能力。它是人们在生活、学习、工作、与人交往中需要具备的基本素质之一。

　　过去，中国家长们很重视"律"，在教育中，强调克制孩子的不良欲望，对孩子"高标准、严要求"。现在的一些家长，在西方文化的熏陶下，又走向了另一个极端，只强调"自"。这些家长实行"放养政策"，无限制地给孩子自由，以为只要顺其自然，孩子就会成长良好。

　　事实上，这两种极端的教育思想都很片面。要培养孩子良好的自律能力，"自"和"律"两者都不可少。有了"自"，孩子才能自发地形成"律己"的动机，懂得根据自己的愿望与需求，积极调整自己的行为；有了"律"，孩子才能克服内心的软弱与惰性，练就忍耐、克制的本领，真正做到"自我要求"与"自我实现"。

　　亮亮已经十五岁了，刚刚进入高中，学习成绩中等偏上。看着周围一些同学都有自己的特长，亮亮心里感到很失落。他喜欢画画，喜欢音乐，他希望自己也像别人一样，学有所长。

　　回到家里，亮亮问妈妈："为什么我什么特长也没有？"

妈妈说："你五岁的时候，妈妈就给你报了美术班，可你只坚持了一个月就说没意思，放弃了。后来又报过钢琴班，但是你贪玩儿，从来不坚持练习，也放弃了。"

"我为什么坚持不下来呢？"亮亮又问。

"这得问你自己啊！小时候就知道玩儿，根本管不住自己。"妈妈答道。

亮亮沉默着，想了一会儿，然后说："我那时候小，什么都不知道，肯定管不住自己，可是妈妈，您是大人，您应该管管我啊！"

听了儿子的话，妈妈愣住了，她想，难道真的是自己教子无方吗？

自律性差，会导致一个人自由散漫、缺乏纪律、以自我为中心、不能控制自己的情绪。这样的孩子，常常不能按要求完成学习任务，在课堂上容易被老师批评，与同学相处时容易受到排斥，做事情也总是半途而废。

培养孩子的自律能力，家长责任重大。可是，家长常常难以把握其中的界限：管得太严，生怕挫伤了孩子的积极性；管得不严，好像又起不到什么作用。那么，孩子的自律能力到底应该如何培养呢？

1. 由"他律"变为"自律"，让孩子懂得约束自己。

在现实中，许多孩子都是在"他律"之中生活的。父母、老师为孩子计划好一切，让他们按照现成的规矩去做。这样，是无法有效地培养孩子的自律能力的。

自律的关键，是要让孩子学会自觉、主动地克制自己的欲望，并且明白为什么要这样做。例如，孩子喜欢吃冰激凌，每次都想吃很多。这时，家长在制止的同时，还要告诉他："冷饮吃太多对胃不好，尤其是没吃饭的时候。"如果孩子太小，对这个道理不能理解，家长可以形象地解释："你每吃一口冰淇淋，你的胃就会疼一下，它只是忍着，不让你知道。"这样，孩子会意识到冷饮对自己身体的伤害，然后，家长就可以与孩子一起制定规矩，例如，一次吃多少、什么时候吃，等等。再如，要让孩子主动自律，家长就要把握住他们的心理需求。孩子也许不会为了进入名校而努力，却可能为了在班里获得名誉、获得老师和同学的认同而积极地约束自己。

2. "没完成作业不准……"是最基础的训练方法。

自律要求孩子克制自己的惰性、排除欲望干扰、学会等待。这并不是一天两天就能完成的教育目标，需要家长长期对孩子进行训练。"没完成作业不准……"是最简单、最常用的训练方法。这个方法迫使孩子对自己进行要求，让自己不能分心、不能贪玩、尽快做完所有功课。

这种类型的训练，还可以应用在孩子生活、学习的其他方面。例如，没完成作业不许出去玩儿，没到预定的时间不许打开电视，等等。

3. 培养孩子的责任心，增强自律意识。

孩子没有责任心，就不愿为任何事情负责，也就无法建立起良好的自律意识。

如果孩子觉得，家庭卫生与自己无关，是爸爸妈妈的事情，他自然不会努力保持家里干净。这时，家长应该告诉他："家里的卫生环境，你也

有责任。如果你不想生活在垃圾堆里，就应自觉保持家庭环境的整洁。"

著名文学家萧伯纳曾经说过："自我控制，是最强者的本能。"一个具有杰出的自律能力的人，不仅更有可能取得成功，也更容易获得他人的尊敬。

名人语录

如若你想征服全世界，你就得征服自己。

——[俄罗斯]作家　陀思妥耶夫斯基

一个人一旦明白事理，首先就要做到诚实而有节制。

——[法国]画家　欧仁·德拉克罗瓦

哪怕对自己的一点小小的克制，也会使人变得强而有力。

——[苏联]作家　高尔基

高尔基

效率　在有限的时间里做更多的事

我们所处的时代，是一个分秒必争的时代，要求每个人拥有极高的做事效率。

孩子在校园里，无论是学习还是玩耍，都有一个时间表。在同一节课上，有些孩子学有所得，有的孩子却做了一堆无用功。合理地安排和利用时间，可以使孩子形成较强的自理能力，从而提升学习成绩、增强竞争力。

小龙的语文老师要求同学们背诵一篇课文。课文不是很长，有的同学只用了不到一节课的时间就全部背诵下来了。但是，小龙却怎么也背不下来。放学了，老师给小龙布置了额外的家庭作业：给家长背课文，背诵了要让家长签字。

晚饭后，小龙窝在自己的房间里，迟迟不能完成功课。妈妈感到奇怪，走进小龙的房间，看见儿子没精打采地趴在桌子上，面前放着一本摊开的语文课本。

了解到情况之后，妈妈问："其他的作业写完了吗？"

"没有。"小龙怯怯地回答。原来，就因为这篇课文，小龙已经在桌子上趴了一个半小时了。他也不知道，自己为什么就是背不会。

"来，儿子，你先给我把这篇课文读一遍。"妈妈说。

听了妈妈的话，小龙读起了课文。妈妈发现，课文里的许多字，孩子都不认识，许多词语也读错了。就这么磕磕巴巴地读完了，小龙低头不敢看妈妈。

妈妈说："孩子，你觉得自己为什么背不会？"

"我太笨了，语文学得不好。"小龙说，"别人一节课就背会了，就我不行。"

"你不是笨，是你没有掌握方法。"妈妈温和地说，"如果你连文章里的许多字都不认识，就根本理解不了文章的意思，那你怎么能背诵呢？"

"有的词语，我都不知道到底是什么意思。"小龙承认道。

"所以你看你花了一个多小时，却什么也没记住，其他作业也没有写，时间完全被浪费了。"妈妈说，"别着急，你先把别的作业写完，然后，妈妈会教你一个背课文的好方法。"

学习缺乏效率的孩子，有时候不光是因为不专注、不认真，更多时候是因为缺少好的学习方法。所以，即便孩子花了许多时间、精力在学习上，成绩还是没有长进。久而久之，孩子的自信心也会受到打击。

那么，家长应该如何培养一个做事效率高的孩子呢？

1. 培养孩子的专注力，提高学习效率。

如果没有良好的专注力，孩子学习的效率就会很低。孩子的注意力能够集中的时间，和年龄有一定的关系。一般来说，5~10岁的孩子，注意力只能集中20分钟左右；10~12岁的孩子，注意力可以集中25分钟；12岁以上的孩子，注意力一次可以集中30分钟。

因此，要让一个10岁的孩子毫不分心地学习一个小时，基本是不可能

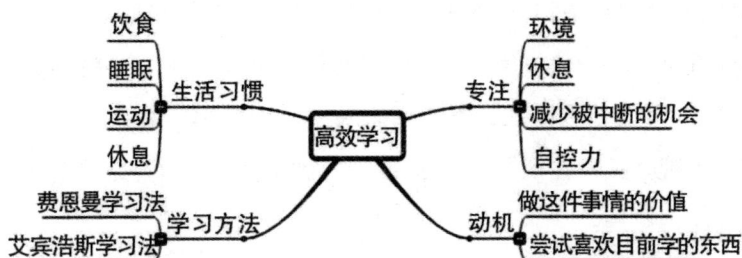

的。孩子的注意力涣散，头脑得不到必要的休息，效率也就不会提高。家长要引导孩子劳逸结合，在一定的时间内，完成定量的学习任务。

2. 培养孩子良好的生活习惯，制订学习计划。

有了良好的生活习惯，孩子就能合理安排自己的生活，不至于把太多时间浪费掉。家长不仅要帮助孩子规划学习时间，还要帮他们规划玩耍的时间、看电视的时间、读书的时间、兴趣爱好的时间、户外活动的时间、与朋友或家人相处的时间，等等。有了详尽的安排，孩子就能把每一天都过得有意义，并且能在每个时间段，尽量高效地完成计划的任务。

孩子最主要的任务是学习，因此，家长还应该帮助孩子制订合理的学习计划：什么时候复习、什么时候写作业、什么时候预习、每门功课学习多久，等等。如果孩子缺乏计划，学习的时候一头雾水，效率就会很低。有了计划，孩子才能根据自身情况，有重点、有次序地学习，并且更容易感觉到自己的进步。

3. 合理的学习方法，可以事半功倍。

如果没有好的学习方法，孩子就会感到学习很累，时间长了，学习兴趣也就丧失了；有了好的方法，孩子学习起来事半功倍，就能更好地享受学习生活。

家长要了解孩子的学习习惯，看看哪里有问题，及时纠正。如果家长不能对孩子的学习方法进行合理分析，可以与孩子的老师交流，积极配合老师，对孩子进行课外辅导。

英国哲学家弗朗西斯·培根曾经说过："如果金钱是商品的价值尺度，那么时间就是效率的价值尺度。一个办事缺乏效率的人，必将为此付出高昂的代价。"生命是有限的，不能用来浪费。而效率，是人们能否做好一切事情的关键。无论在现在还是未来，一个善于和时间赛跑的孩子，必将比其他人跑得更远。

名人语录

在今天和明天之间，有一段很长的时间；趁你还有精神的时候，学习迅速地办事。

——[德国]作家 歌德

忙碌和紧张，能带来高昂的工作情绪；只有全神贯注时，工作才能产生高效率。

——[日本]企业家 松下幸之助

世界上只有两种物质：高效率和低效率；世界上只有两种人：高效率的人和低效率的人。

——[爱尔兰]剧作家 萧伯纳

松下幸之助

交友　朋友是一生的财富

友情，是一个人发自内心的情感需要。

许多家长都会发现，无论孩子的家庭环境有多么好，家长与孩了之间的关系是多么亲密和谐，孩子还是会觉得，和小伙伴们在一起玩儿更快乐。

有一个美国富翁，一生商海沉浮，苦苦打拼，积累了上千万元的财富。有一天，重病缠身的他把十个儿子叫到床前，向他们公布了他的遗产分配方案。他说："我一生财产有1000万元，你们每人可得100万元，但有一个人必须独自拿出10万元为我举办丧礼，还要拿出40万元捐给福利院。作为补偿，我可以介绍十个朋友给他。"他最小的儿子选择了独自为他操办丧礼的方案。于是，富翁把他最好的十个朋友一一介绍给了他最小的儿子。

富翁死后，儿子们拿着各自的财产独立生活。由于他们平时大手大脚习惯了，没过几年，父亲留给他们的那些钱就都所剩无几了。最小的儿子更是只剩下了1000美元。无奈之时，他想起了父亲给他介绍的十个朋友，于是决定把他们请来聚餐。

朋友们一起开开心心地美餐了一顿之后说："在你们十个兄弟当中，你是唯一一个还记得我们的，为感谢你的浓厚情谊，我们帮你一把吧！"于是，他们每个人给了他一头怀有牛犊的母牛和1000美元，还在生意上给了他很多指点。

依靠这些朋友们的资助，富翁的小儿子开始步入商界。许多年以后，他成了一个比他父亲还要富有的大富豪。并且他一直与他父亲介绍的这十个朋友保持着密切的联系。

他就是美国巨商弗兰克·梅维尔。

成功后的梅维尔说："我父亲告诉过我，朋友比世界上所有的金钱都珍贵，朋友比世界上所有的财富都恒久。这话一点也不错。"

在这个世界上，金钱能给人一时的快乐和满足，但无法让你一辈子都拥有。而友谊和朋友却能给你一生的支持和鼓励，让你终身拥有快乐、温馨和富足。

交朋友，是孩子校园生活中最重要的事情之一。有了朋友，无论多么枯燥乏味的校园生活，都能变得丰富多彩、充满欢笑。但是，许多家长都没有意识到这一点，他们害怕孩子把太多心思用来与小伙伴玩儿而耽误了学习；害怕孩子交到所谓的"坏朋友"，染上一些不好的习气。

那么，我们应该如何正确引导孩子交朋友呢？

1. 给孩子创造机会，鼓励孩子交朋友。

只有经常和人打交道，孩子才能学会分辨和思考，学会如何与人交往，知道什么样的朋友最适合自己。因此，在学校之外，家长也可以创造一些机会，鼓励孩子交朋友。家长可以邀请同事带孩子来家中做客、带领孩子参加聚会、让孩子到同龄人多的地方玩儿等，这些都可以让孩子结识新的朋友。

2. 尊重孩子的交友需求，保护孩子之间的友谊。

孩子的交友需求和成人不同，父母要了解自己孩子的性格，不要以大人的眼光去看待孩子对朋友的需求。例如，一个安静、内敛的女孩子，可能只需要一两个知心好友，这时，家长就不需要强迫孩子多交朋友。

家长要保护孩子与他人建立起的友情，相信孩子之间友谊的力量。家长可以经常问一问："你的好朋友最近怎么样?"或者："他有没有什么烦恼?"通过了解孩子的朋友，家长也可以及时发现孩子的变化，及时给予孩子更好的引导。

3. 合理提出建议，引导孩子完善自己的友谊。

如果发现孩子交了不好的朋友，家长应该把自己的看法和建议说出来，但一定要以"我觉得"或者"我发现"作为开始，不要对孩子的朋友全盘否定，而是表达旁观者的看法。例如："我觉得他有点不懂礼貌。"或者："我发现他不太诚实，你知道为什么吗?"

家长应该慢慢引导孩子自己感受、自己判断、自己做出决定。

名人语录

周围都有好朋友的人，比四面楚歌的人不知幸福多少。

——[美国]企业家 卡耐基

我们想的是如何养生，如何聚财，如何加固屋顶，如何备齐衣衫；而聪明人考虑的却是怎样选择最宝贵的东西——朋友。

——[美国]思想家 爱默生

选择朋友要慢，改换朋友要更慢。

——[美国]政治家 富兰克林

富兰克林

在竞争中发现自己的力量

现代社会是一个充满竞争的社会，一个人如果不具备足够的竞争意识和竞争能力，便难以在社会上立足。

孩子竞争意识的形成，与自我意识的发展紧密相关。清晰的自我意识，要在与他人的比较之中才得以显现。

良好的竞争可以增强孩子的自信，可以让孩子发现自己的力量，对自己做出客观的评价，并进一步激发孩子的潜能；竞争还可以使孩子克服胆怯、保守的心理，认识到团体合作的重要性；它能激发孩子强烈的好胜心，使孩子进一步完善自己。此外，它还教孩子学会面对失败，提高孩子对挫折的承受能力。

在学校里，单单属于那种再普通不过的学生：学习成绩一般，参与校园活动不积极，也没什么特长，唯一的兴趣就是看看书。单单总觉得，在学校，自己完全是个不被注意的角色。

一次，学校举办快速阅读大赛，让每个班推荐三个学生参加。单单的老师说："单单，你平时喜欢看书，这次，你也代表我们班参加比赛吧！"

单单心里有点忐忑，他从来没参加过比赛，这次老师让他代表班里参加比赛，他觉得很有压力，但是老师已经安排下来了，同学们也很支持，单单只好硬着头皮参加了。

初赛淘汰了一半以上的同学，单单顺利进入了复赛，这让单单自己也没想到。同学们欢呼雀跃，单单的心里突然有了动力，他想：原来我也可以做得很好！我一定要好好练习，争取在决赛中拿到名次。

经过精心的准备，单单又顺利地通过了复赛。老师和同学们都对单单刮目相看，纷纷赞扬："单单，你太棒了！""你真厉害，简直是个天才！"

进入决赛的，除了单单以外，还有其他班级的四个同学，其中有三个都是高年级的。单单感觉到压力很大，但他想，我要好好证明一下自己的能力。决赛前，单单几乎把所有的课余时间都用来练习快速阅读了。

决赛终于到了，经过一番激烈的阅读与演讲，单单取得了第二名的好成绩。在同学们热烈的掌声里，单单暗下决心：下次，我一定要更努力。

在学校里，孩子每天都要面对一些竞争，无论是在学习上，还是在游戏中。如果一个孩子缺乏积极竞争的意识，他就无法发现自己的力量，也无法获得前进的动力。

在培养孩子形成健康的竞争心态的过程中，家长，作为孩子的第一任老师，起着极为关键的作用。

1. 引导孩子正确认识自己，找到竞争优势。

每个人都不可能是全才，有短处就一定有长处。家长要帮助孩子找到自己的优势，帮孩子建立坚定的自信，这是鼓励孩子参与竞争的前提。

孩子有时不能意识到自己的力量，因此，家长要善于全面地看待孩子，引导孩子挖掘自己的兴趣和优点，并不断强化。例如，一个成绩不好的孩子，很可能在手工、音乐、体育或其他方面有优势，家长不能觉得，这些素质与学习无关，根本不值一提，而是要及时给予认可："我的孩子虽然成绩不好，但唱歌无人能敌！"或者："我发现你对画画很有兴趣，为什么不好好发展一下呢？"

2. 引导孩子克服自卑感，正确面对失败。

竞争需要胆识，这就需要孩子克服自己内心的自卑和对失败的恐惧，抱着从容的心态，积极参与竞争。

当孩子在竞争中遭受失败或挫折时，父母要引导孩子分析失败的原因，帮助孩子总结经验教训、调整目标、寻求更有效的方法，争取在下一次竞争中扬长避短、趋利避害，取得更好的成绩。

3. 培养孩子豁达、谦虚的品格，善于向竞争对手学习。

竞争对手是一面镜子，使人知道如何完善自己。善于学习竞争对手的优点，是一种难能可贵的精神。因此，家长要培养孩子豁达、谦虚的品格，让孩子学会以平和的心态面对竞争对手，积极向对方学习。

孩子要学会辩证地看待竞争，不要限于"争"这一个层面。如果孩子能把竞争对手视为学习上的伙伴和朋友，会使自己受益匪浅，同时也能为他们未来的生活和工作奠定良好的基础。

4. 通过榜样的力量，提高孩子的竞争意识。

很多取得成功的人，都是在激烈的竞争中脱颖而出的。因此，家长可以向孩子讲述榜样的奋斗过程和竞争经历，通过榜样的力量进一步提高孩子的竞争意识。

未来，孩子将要面对的是一个充满各种竞争的社会。只有具备了积极的竞争力，孩子才能更好地发挥自己的力量，实现自己的价值。

人类要在竞争中求生存，便要奋斗。

——[中国]政治家　孙中山

用自己的价值进行竞争不是坏事。

——[日本]小说家　武者小路实笃

良好的竞争心理，正当的竞争精神，这就是使事业成功与督促个人向上的动力。

——[日本]企业家　松下幸之助

孙中山

善于领导，也要善于"被领导"

领导力，是一种全方位的组织能力，它是领导者的个体素质、思维方式、实践经验以及领导方法的全面体现。

校园，如同一个浓缩的社会，同样有着复杂的组织关系。孩子在学校里直接面对的最强有力的领导者，恐怕就是老师了。但是，除了老师以外，在同学们中间，有时也会自发地形成一些小团体，这些团体往往会有一个被公认的"领导者"。此外，在进行一些与课堂有关的集体性学习、活动的时候，孩子们也会需要一些固定或临时的领导角色，如班干部、课代表、小组长、活动负责人，等等。

为了准备节日活动，壮壮的班里要排练一个话剧。老师觉得，壮壮是班上最稳重的男孩子，学习成绩也不错，而且对文艺活动很感兴趣，所以让壮壮来当导演，在课余时间组织大家表演和排练。壮壮当仁不让，欣然接受了老师安排的任务。

话剧角色安排得很顺利，可是，没想到，排练刚一开始，壮壮就遇到了各种麻烦。

每天的课间十分钟，同学们总是不积极参与排练，上厕所的上厕所，玩儿的玩儿，写作业的写作业，总是人还没聚齐，上课铃声就响了。

有时候，好不容易人都聚齐了，排练可以开始了，但是，某个同学正在表演的时候，其他人却又笑又闹，无论壮壮怎么大喊"安静"，大家还是安静不下来，排练根本难以进行。

……

就这么艰难地"导演"了几天，壮壮不仅感到特别累，而且和某些同学之间的关系也闹僵了。这天课间，壮壮灰心地找到了老师，说："老师，可以换个人吗？我不想再当导演了……"

我们常常看到，有些孩子似乎天生就是"孩子王"，他们拥有出色的组织才能，能得到很多孩子的"拥戴"，但是，有些孩子则相反，他们喜欢跟在后面，被人指挥。

美国体育运动心理中心主席安德逊教授就认为：领导人不是天生的。他确信，所有的领导人，都是后天造就出来的。大部分领导者还是孩子时，父母就已经开始培养他们的领导意识——坚强的精神和独立思维的能力。

那么，在日常生活中，我们应该如何培养孩子的领导能力呢？

1. 培养孩子的自信心，帮他树立成功的信念。

要培养孩子的领导能力，首先要帮他树立自信心。试想，一个缺乏自信的孩子，自己都觉得自己不能成功，又怎能拥有让众人信服的力量呢？

家长要告诉自己的孩子，做任何一件事，心里首先要想到成功，而不是失败。相信自己能成功的人，才能获得别人的支持和拥护。当孩子想要召集小伙伴一起做一件事情时，他首先要学会说："我们一定能成功！"

2. 培养孩子的责任心，教他勇于承担后果。

"领导"不仅仅意味着权利，同样意味着责任。一个合格的领导者，要能够为事情的结局负责。

比如，孩子和朋友们一起闯了祸，谁能主动承担责任，他自然能够在其他孩子心中建立起威信。因此，在日常生活中，家长要善于通过各种各样的方式，培养孩子不推卸责任、敢做敢当的精神。

3. 独立思考，是一个领导者的基本素质。

独立思考的能力，表现在许多方面，例如，分析利弊的本领，推测结局的能力，探索及创新能力，应变能力，明确方向、制订计划的能力，具体问题具体分析的能力，等等。

独立思考，是一个领导者应该具备的基本素质。不能独立思考，一个人就只会随波逐流，丧失自我追求。因此，要做一个领导者，首先要学会领导自己。

4. 培养孩子的组织能力，让他学会"领导"他人进行活动。

领导，是一件和人打交道的工作，与孩子的人际交往活动密不可分。一个孩子要想在活动中做领导者，必须拥有绝佳的组织才能，否则活动就会陷入混乱，领导者本人也会丧失威信。

培养孩子的组织能力，家长可以从日常生活中的事件入手，让孩子尽量独立地从事一些组织工作。例如，让孩子参与操办家庭节日晚会、外出旅游、宴请朋友等事项。孩子自己的学习和生活，也让他学着自己安排，对于孩子安排欠妥的地方，家长要及时提出建议，进行合理引导。

此外，孩子还要学会如何处理在与人交往时产生的矛盾。家长要注意观察孩子的人际交往活动，对于孩子不能解决的冲突，家长要提供可供选择的方案。

5. 善于"领导"，也要善于"被领导"。

孩子需要学习如何"领导"，也需要学习如何"被领导"。

每个人都有自己的优势与劣势，客观环境也总是在变化，因此，一个人不可能时时刻刻领导别人。在被领导的时候，要让孩子懂得服从的重要性，要知道，没有服从，集体的计划就无法顺利实行。

在"被领导"的时候，同样要保持独立精神。通过独立思考，提出自己的意见和看法。

约翰·昆西·亚当斯曾经是美国总统，他说过："假如你能用行动激发他人梦想更多、学习更多、做更多事，或者成为更伟大的人，你就是一个领导者。"一个有"领导力"的人，在实现自我目标的同时，能够给身边的人带来更多希望与动力；一个善于"被领导"的人，能够在不丧失自我的前提下，为团体带来更多的收获与成就，这两者，都是孩子不可缺少的素质。

名人语录

在日常生活中，领导自己的能力是对领导别人能力的最好证明。

——[美国]IBM 创始人兼 CEO　托马斯·沃森

我更害怕由 1 头狮子领导的 100 只羊，而不是由 1 只羊领导的 100 头狮子。

——[法国]政治家　塔列朗

当今领导，集中到一点，就是他有能力使他的下属信服而不是简单地控制他们。

——[美国]管理学家　亨利·艾伯斯

托马斯·沃森

诚实　　有原则、守信用、敢担当

诚实，是一个人道德品质的基石。其他许多优秀的品德，例如宽容、无私、谦虚、勇敢、热情、仁慈，等等，都要建立在诚实的基础上。

在家庭教育中，培养孩子诚实的品质，能使孩子抵御各种不良品质的入侵。诚实的孩子，不会在家人、老师、同学面前弄虚作假，不会暗箭伤人，也不会故作聪明、搬弄是非。

琪琪是班里的纪律委员，负责管理课堂纪律。

一天下午，老师让同学们上自习，并嘱咐琪琪把纪律管好，不要让同学们吵闹。说完，老师就回办公室批改试卷了。

自习上到一半，老师回到教室里取东西，刚走到门口，就听见教室里沸沸扬扬的，像炸开了锅一般。"吵什么呢！"老师站在门口，怒喝一声。教室里瞬间安静下来。

"琪琪，怎么回事？"老师严厉地问道。

琪琪赶快站起来，说："我让他们不要吵，他们就是不听，我管不住。"

于是，老师转向其他的同学："纪律委员的话，大家都不听是不是？刚才是谁在大声吵闹？"

几个同学垂着脑袋，慢吞吞地站了起来。这时，一位同学举手报告："老师，刚才琪琪也在大喊大叫呢！"

"是啊！琪琪刚才也在说话！"同学们纷纷说道，"她根本没管我们。"

老师严厉的目光在同学们中间巡视了一遍，最后落在琪琪身上。

琪琪紧张极了，她想："我没有管同学们说话，为什么他们却'告发'我？"她更觉得自己辜负了老师的信任，难过极了……

诚实，意味着有原则、守信用、敢担当。一个诚实的孩子，首先能够遵守自己内心的道德准则，知道什么该做、什么不该做；不轻易许诺，不会为了获得别人的欢迎与认可而做出违背自己原则的事情。即便偶尔做错了，他也会勇敢承认自己的错误，不会撒谎。

因此，家长在早期教育中培养孩子建立诚实的品质，具有非常重要的意义。

1. 帮助孩子建立原则，树立正确的是非观。

一些是非观要从小灌输给孩子。例如，偷东西是不对的，伤害别人是不对的，说谎是不对的，答应别人的事情要做到，犯了错就要接受惩罚，等等。

家长不要只是讲一些大道理，要利用举例子、讲故事等方法，同时抓住每一次孩子犯错的机会，把正确的是非观灌输给孩子，帮助他们建立原则，并告诫他们，要将原则贯彻到底。

2. 重视孩子的不诚实行为，让孩子意识到严重后果。

有时候，孩子可能因为害怕惩罚而说谎，这种情况下，家长可以说："妈妈相信你是一个诚实的孩子，能够知错就改。"或者："这一次你说谎，已经受到惩罚了，妈妈相信你以后不会再犯。"不要让孩子萌生任何"破罐子破摔"的念头。此外，如果孩子在下次犯错后，能够主动承认错误，家长要及时给予表扬，强化孩子诚实的意识。

3. 给孩子自由发展的空间，避免过高要求。

许多孩子不敢担当，不是因为他们不想担当，而是"担不起"。家长过高的要求，会给孩子造成太大的压力，一旦不能达到家长的要求，孩子

会感到自己难以担当责任。最常见的就是孩子考试成绩不理想，会想出各种花招来欺瞒家长。因此，在生活与学习中，家长要留给孩子自由发展的空间，给他们犯错的余地，不要对孩子有过于严苛的要求。有了自由的空间，孩子才能以诚实、坦然的心态面对一切。

4. 以身作则，家长做好诚实的榜样。

要培养诚实的孩子，家长就要做出诚实的表率。日常生活中，家长除了在自己的工作、生活上讲原则、守信用、不撒谎以外，还要注意与孩子对话时不随便、不糊弄。

做一个诚实的人，要保持住自己内心的纯真与明净，要坚定不移地贯彻自己的信念，要敢做敢当、勇往直前。正如苏联文学家高尔基所说："走正直诚实的生活道路，必定会有一个问心无愧的归宿。"

名人语录

伟大人格的素质，重要的是一个诚字。

——[中国]作家　鲁迅

诚实比一切智谋更好，而且它是智谋的基本条件。

——[德国]哲学家　康德

即使开始时，怀有敌意的人，只要自己抱有真实和诚实去接触，就一定能换来好意。

——[日本]作家　池田大作

失去了诚信，就等同于敌人毁灭了自己。

——莎士比亚

莎士比亚

116

阅读 让心灵比脚步走得更远

阅读，是一种终身教育的方法。

热爱阅读的孩子，能够拥有饱满的生命、充实的内心、更清晰的判断力以及更完整的价值观。

在家庭教育中，培养孩子良好的阅读习惯，就能省去家长和老师许多苦口婆心的教导。在学习与生活中，家长对孩子的千叮咛万嘱咐，都不如孩子自己主动从书本中获取的感悟。

周末，小琳和爸爸去公园散步。公园里有一条路，两边栽满了银杏树。正是秋天，一阵风吹过，无数黄黄的叶片从树上飘落下来，马路上积满了落叶。

"孩子，你看这些叶片像什么？"看着眼前的美景，爸爸想考考女儿。

"像蝴蝶、像扇子、像书签、像跳舞的人、像一场黄金雨、像许许多多没寄出去的信。"女儿不假思索地回答。

听了小琳的描述，爸爸感到很欣喜，他知道，女儿的想象力这么丰富是因为她喜欢读书的缘故。

小琳却没有变得兴奋，只是轻轻问道："爸爸，这些落叶最后会去哪儿？"

"每天晚上，环卫工人会来打扫。最后，可能一把火烧了吧！"爸爸说。

"烧了？"小琳若有所思，"那这些树叶，不就没了吗？"

爸爸笑了，不知道女儿在想什么："是没了啊，不然还能怎么样？"

"不是说落叶归根吗？我想，落叶一定不想就这样被烧掉，它们一定希望回到泥土里，给树根提供养料，重新获得生命……"小琳说起这些话，如同自言自语。

"那你说，该怎么办呢？"爸爸问道。

"我想像《红楼梦》里林黛玉葬花那样，把这些树叶埋起来，埋在树根下，这才是它们应有的归宿。"小琳认真地说道。

听了女儿的话，爸爸突然想起来，两个月前，刚上初二的女儿从书架上翻出自己那本《红楼梦》，每天都看得很入迷……

心理研究表明，每个孩子在成长的过程中，都会经历一个"阅读饥饿期"，一般发生在孩子14岁以前。14岁之前的阅读体验，对于孩子的成长来说至关重要。

那么，家长应当如何抓住孩子的"阅读饥饿期"，培养他们养成良好的阅读习惯呢？

1. 言传身教，家长是孩子最早的老师。

出生于"书香门第"中的人，绝不会目不识丁。一个热爱读书的家长，特别容易培养出一个热爱读书的孩子。

孩子在家长的阅读习惯中耳濡目染，他自然会发现阅读的乐趣。这时，不用家长刻意教，孩子也会主动拿起书，在文字里畅游。

2. 多带孩子逛书店，增强孩子的阅读愿望。

许多家长喜欢带孩子逛餐厅、逛商店、逛公园，却不曾想到带孩子去逛逛书店。

家长经常带孩子去书店，孩子眼前都是书籍，都是读书的人，这会激发起孩子强烈的阅读渴望，所谓："常在书店逛，怎不沾书香?"

3. 尊重孩子的选择，给孩子阅读的权利。

美国图书馆学专家苏珊·罗森韦格曾经说过："如果想要孩子完全按照你的计划阅读，那注定不会长久。"这句话，家长一定要谨记。这里所说的阅读，绝不是指阅读教科书、教辅书以及其他一系列与课堂相关的书籍。培养孩子的阅读兴趣，就要选择孩子自己感兴趣的书。无论是童话故事，还是科普文章，无论是简单的，还是晦涩的，只要孩子感兴趣，家长都可以让他尝试阅读。

4. 用书籍作为给孩子的礼物和奖赏。

在日常生活中，家长给孩子的礼物或者奖赏，引导着孩子的价值观。如果在给孩子奖赏时，家长总是倾向于选择具有相当物质价值的商品，并以价格高低作为实施奖赏的标准，那么孩子难免会变得拜金。

如果选择一本书作为礼物或褒奖，孩子会从内心深处认同书本的价值，这将削弱孩子对于物质的欲望，让他们更加看重"精神食粮"。

5. 给孩子独处的时间和空间，让孩子学会安静。

阅读的乐趣，需要慢慢地体验。如果孩子总是被周围的事情打扰，他就难以静下心来阅读，也就无法发现阅读的乐趣。

要培养孩子的阅读兴趣，家长可以适当地限制孩子的娱乐活动，给他独处的时间和空间，让他不得不从书本中寻找乐趣。一开始，孩子可能会觉得烦躁，但时间久了，他就会沉迷在阅读中。那时，即便家长有事找他，他可能也会说："先等一下，等我看完这一段就来。"

名人语录

热爱书吧——这是知识的泉源！

——[苏联]文学家　高尔基

阅读的最大理由是想摆脱平庸，早一天就多一份人生的精彩；迟一天就多一天平庸的困扰。

——[中国]作家　余秋雨

当我们第一遍读一本好书的时候，我们仿佛觉得找到了一个朋友；当我们再一次读这本书的时候，仿佛又和老朋友重逢。

——[法国]文学家　伏尔泰

伏尔泰

第五章

学会处理负能量，谁的青春不迷茫

孩子的成长中不仅有快乐，也有悲伤；不仅有自由与纯真，也有束缚与迷茫。能量树上不仅有积极的、美好的表情，也有消极的、脆弱的表情。

孩子进入青春期之后，容易形成诸如狭隘、愤世嫉俗、空虚、消沉、叛逆等负能量。家长一定要及时帮助孩子面对和处理这些"负能量"，使孩子平稳渡过青春期的躁动与不安，让青春期成为他们最美好的回忆。

谅己　学习原谅，永远都不晚

晨晨和阿颖是好朋友，两个孩子的家离得很近，晚上写完作业，总是一起出来玩儿。但妈妈发现，这两天晚上，阿颖不闹着出去找晨晨玩儿了，每天写完作业，就安安静静地和家人一起看电视，或者一个人在房间里看书。

妈妈问女儿："你这些天是不是心情不好？"阿颖总是简单地说："没有啊。"

一天，妈妈偶然从另一个同学那里了解到，阿颖和晨晨最近不太亲近，好像是吵架了。回到家里，妈妈耐心地和女儿沟通，女儿这才告诉妈妈。

原来，两个孩子一起玩儿的时候，阿颖不小心把晨晨从家里带来的手工模型弄坏了，晨晨很着急，生气地说了句："你怎么这么不小心，我和爸爸做了好久才做好的！"看着好朋友对自己发火，阿颖特别难过，就转身走开了。

一连几天，阿颖想跟晨晨道歉，可又怕晨晨对她不理不睬。她觉得，晨晨一定再也不肯原谅自己了……

孩子的生活里，一般没有什么"大事"，但也样样都是"大事"。孩子和同学、朋友交往，难免会产生一些摩擦，遇到一些矛盾。有时候，孩子犯下错误，伤害了别人，会感到无比悔恨，更怕自己得不到原谅。这种时

候，家长们可能觉得没什么大不了，但对于孩子来说，却是遭遇了影响他们情绪的头等大事。

谅己，顾名思义，就是原谅自己。原谅自己的不足、过错，原谅自己对别人造成的伤害。要知道，自责，是一个人内心负能量的主要来源之一。心理研究表明，长期的愧疚感对于一个人的内心伤害是很大的。

孩子以自我为中心的一个显著特征，就是喜欢夸大自己对于别人的影响。越是敏感的孩子，对自己的要求越苛刻，一旦出现失误，他们便陷入深深的羞愧与内疚之中。一份针对小学生的调查结果显示，不少孩子都有严重的"自责"倾向。当做事情出现失误时，52.9%的孩子都会感到很内疚、不安；当别人没来由地对自己笑时，有46.4%的孩子会马上怀疑自己是不是做错了什么事；当被人责备时，有64%的孩子会觉得自己特别糟糕。随着孩子的成长，他们对于人际交往有了更高的要求，需要维持更加和谐的人际关系。这时，让孩子在反省自己的同时，学会"谅己"，就成了一个重要的家庭教育课题。

我们要教孩子学会谅己，并不是要让他放纵自己犯错，而是要他学会在犯错误之后，不要使自己陷入深深的自责中，要在相信自己的基础上，想办法改变现状、解决问题。那么，我们应该如何引导孩子摆脱自责情绪的负面影响，学会原谅自己呢？

1. 就事论事，引导孩子正确看待自己。

容易自责的孩子往往比较敏感，喜欢把事情夸大，不能面对自己的弱点。他只要犯一点错误，便会全面否定自己。

父母在教育孩子时，一定要帮助孩子把具体的事件和他本人区分开。

把做错了的事情与做事的动机分开。比如说："这件事情你做得不够好，但你的本意是好的。""虽然伤害了别人，但大家都知道你不是有意的。""这样做不代表你很坏，你只是没意识到事情的后果。"同时，家长要让孩子知道，每个人都会犯错误，但每个人都有机会得到原谅。

2. 营造宽松的家庭氛围，帮助孩子懂得原谅。

一个心理紧张的孩子，总会特别在意自己的过失。而孩子的紧张心理，大多是在紧张的家庭氛围中形成的。营造宽松的家庭氛围，有助于让孩子保持平和的心态。

在日常生活中，父母如果对孩子的任何过失都不放过，都要严加指责，甚至以"冷战"的方式对待孩子，这会让孩子产生负罪感，久而久之，孩子就会对"犯错"非常恐惧，对他人也难以信任。

家长要教孩子懂得原谅，也要让他们相信自己会被原谅。家长要经常原谅孩子在日常生活中所犯的过错，以认可和鼓励的态度对待孩子，尽量淡化错误的消极影响，这才是行之有效的好方法。

3. 鼓励孩子把愧疚的情绪讲出来。

如果孩子压抑自己的内疚感，不肯对别人诉说，这种内疚就可能转化为更加负面的力量，例如恼羞成怒、破罐子破摔，或者一蹶不振等。

当家长发现孩子做错事，处于自责之中，先要搞清楚，他是否已经向别人道歉。如果孩子因为自尊心太强，害怕得不到原谅，不敢向对方认错，那么家长应该鼓励孩子主动道歉。家长可以说："你不问清楚，怎么确定别人在生你的气呢？""他不理你，说不定只是因为太忙了，或者干脆忘了这件事。""这也许只是误会，你的朋友现在一定也很难过。"

孩子如果敢于把自己的情绪讲出来，内心的负担就已经卸下了一半。

著名文学家托尔斯泰曾经说过："一个人必须把他的全部力量用于努力改善自身，而不能浪费在任何别的事情上。"自责的情绪，实际上是一种精力和情感的耗费。一个人唯有拥有充分的谅己精神，把自责转变为思考，转变为完善自己的动力，才是正确的处理方法。

名人语录

一个人只要行为高尚，不管怎样无知也会得到原谅的。

——[法国]作家　巴尔扎克

包容他人之前，也要包容自己，原谅自己曾经应该做而没有做的事情，包容自己的命运、生活。

——[中国]复旦大学教师　陈果

过分为己，是为自私自利；完全舍我，也是虐待了一个生灵——自己。

——[中国台湾]作家　三毛

巴尔扎克

欣赏别人是一种提升自己的本领

克林顿·希拉里曾在演讲中多次提及她在中学读书时与爸爸相处的一件往事：

一个春暖花开的中午，希拉里和爸爸在公园里散步。她发现一个老太太紧裹着一件厚厚的羊绒大衣，脖子上围着一条毛皮围巾，那穿戴仿佛是在滴水成冰的三九隆冬。她说："爸爸，您看，那位老太太穿的，真是太奇怪、太可笑了！"

当时爸爸的表情有些严肃，沉默了一会儿说："希拉里，我突然发现你缺少一种本领，就是欣赏别人的本领。这说明你在与别人的交往中，缺少了一些热心和友善。"

希拉里觉得爸爸太小题大做了，很不服气地问："那你不觉得老太太穿得太多了吗？"

爸爸说："恰恰相反，我觉得老太太很值得欣赏。她穿着羊绒大衣，围着毛皮围巾，也许是因为生病初愈，身体还没有完全康复；也许是因为别的什么原因。但你仔细看，她专注地看着树枝上清香、漂亮的丁香花，表情是那么的安详、愉快。她是那么热爱鲜花，热爱春天，热爱大自然。我觉得老太太的神情令人感动！难道你不认为她很美吗？"

希拉里认真地观察了一阵之后，觉得确实像爸爸说的那样，从老太太脸上的笑容可以看到她的内心像怒放的鲜花一样。爸爸领着希拉里走到老太太面前，微笑着说："夫人，您欣赏鲜花的神情真令人感动，您使这春天变得更加美好了!"

老太太似乎有些激动:"谢谢,谢谢您!先生。"随后,她从提包里取出一小袋饼干,一边递给了希拉里一边夸赞地说:"这孩子真漂亮……"

事后,爸爸对希拉里说:"渴望得到欣赏,是人的本性。一定要学会真诚地欣赏别人,因为每个人都有值得欣赏的优点和特点。当你学会真诚地欣赏别人之日,就是你得到别人更多欣赏之时。"

抱怨是很多人每天都会做的事情之一,甚至是在情不自禁的状态下,抱怨就脱口而出。这种情况同样也会出现在孩子身上,随着孩子理性的发展,他们开始主动对周围的人、事做出评判。这时,如果一个孩子所表现出的只是无休止的苛责与抱怨,事事喜欢"鸡蛋里挑骨头",这并不是一个好的开端,当父母听到孩子不停抱怨的时候,应该及时采取应对策略,帮助孩子纠正这一不良习惯。

对于一个喜欢挑刺儿的孩子,家长要引导他们学会欣赏。

欣赏,就是看到事物好的一面,发现别人身上的优点,并学会赞美。懂得欣赏和赞美的孩子,才能拥有更多的朋友、更强大的内心和更广阔的成长空间。

那么,家长应该如何让孩子学会欣赏与赞美呢?

1. 营造赞美式的家庭氛围,远离挑刺儿情绪。

在抱怨声中长大的孩子,总是倾向于看到事物不好的一面。实际上,充满抱怨的家庭是一个庞大的消极心理暗示系统,它让孩子在真正了解事物之前,就已经认定了事物的消极意义。营造一个赞美式的家庭氛围,有利于对孩子形成积极的心理暗示,让他们善于发现事物的美好。

在日常生活中，家长应该常常对孩子说："你看，奶奶做的饭多香啊！""今天虽然空气不好，但花儿还是开得这么多、这么漂亮。""你的数学成绩进步了，真了不起！"……如果父母经常赞美孩子，或者在孩子面前赞美周围的人、事，孩子也会在潜移默化中学会真诚地欣赏和赞美别人。

2. 教孩子学会尊重他人，欣赏别人的努力。

有些孩子，总是以过高的标准要求他人，看不到别人付出的努力，喜欢随意指责别人，挑别人的缺点。面对这样的孩子，家长要先问他一句："如果换做是你，能不能比他做得更好？"

学会尊重他人，是孩子学会理解与欣赏的前提。尊重他人，不仅意味着尊重他人的优点和成就，还意味着欣赏他人的独特个性，宽容他人的不完美。

3. 培养孩子的同情心，理解他人的处境。

有同情心的孩子，更能理解别人的难处，不会轻易责备别人。例如，餐厅今天做的菜不好吃，家长可以引导孩子去想："也许厨师今天心情不好，或者身体状态欠佳。"在大街上遇到一个乞丐，孩子可能会觉得厌恶，这时，家长应该引导他进行思考："是多么艰难的生活，才会让人不得不出来乞讨？"

在日常生活中，发现孩子挑别人刺儿的时候，家长要教孩子学会换位思考，理解他人的处境，如让孩子思考：他这样做是否出于无奈？是不是一时不小心？会不会有什么潜在的问题？帮孩子找一个原谅别人的理由，有利于开拓孩子的胸怀。

4. 培养孩子的责任感，积极改变现状。

家长要让孩子明白，万事万物的发展与每个人都息息相关。如果大家都只懂得埋怨，那么事情永远不会有好的改变。

当孩子埋怨自己的老师不公正时，家长可以问一句："你有没有试着与老师交流，把自己的想法告诉他？"如果孩子做一件事得不到朋友的帮助，心里产生不满，家长应该引导他思考："朋友做这些事的时候，你有没有热心帮忙？"

"美无处不在，缺少的是发现美的眼睛。"法国艺术家奥古斯特·罗丹曾经这样说过。欣赏是心灵的钻石，也是一个人自我修养的体现。一个懂得欣赏的人，不仅能为自己带来满足，也能给别人带来力量，给世界增添光彩。真正发自灵魂的赞美，不仅需要一双细致入微的眼睛，更需要一颗强大的内心。

名人语录

欣赏，这就是为着一件事物本身而爱好它，不为旁的理由。

——[意大利]画家 达·芬奇

欣赏者心中有朝霞、露珠和常年盛开的花朵；漠视者冰结心城，四海枯竭，丛山荒芜。

——[英国]哲学家 培根

夸奖人的时候，不可静如秋水，要七情上脸。不要以为喜形于色是不老练的举动。别人的进步，值得我们为之欢欣鼓舞，并且让对方毫无疑义地感知我们的赞美和欢愉。

——[中国]作家 毕淑敏

毕淑敏

信念 有信念的人经得起任何风暴

　　信念，是一种内心的力量。它能唤醒人的生命力，激发人们潜在的精力、体力、智力和其他各种能力，使人能够坚持不懈，排除外界干扰，直到实现理想；信念，是人们的精神支柱。无论是一种情感、一种原则，或是一种渴望，都可以成为一个人的信念，使人有能力支配自己的行动，有勇气面对生命中的磨难。

　　心理学研究表明，在八岁以前，孩子的思考方式是充满幻想、缺乏逻辑的，这导致他们无法分辨事物的本质，容易受到他人的影响，在做事的时候，也更倾向于听从他人的支配。八岁以后，孩子开始进行逻辑思考，能够意识到别人的眼光，会用较为客观的角度看待事物。他们不再满足于在他人的支配下进行活动，而是更愿意服从自己的内心，实现自己的愿望。这时，信念的作用也就显得愈发重要。

　　阿良发现，自己在学校的生活越来越痛苦。他的很多想法，都得不到别人的支持，大家总是把他看成"异类"。

　　在班上，阿良的成绩还不错，常常有同学想借他的作业来抄，这时，阿良总会说："你不会的题目，我可以教你，这样我们可以一起进步。"

　　老师布置的兴趣任务，别的同学都是草草应付了事，阿良却觉得，既然要做，就要做好。但同学们却嘲笑他："阿良，就你认真！"

　　课间，大家在操场上做广播体操，阿良有点胖，他相信做操对身体好，于是尽力把每个动作都做到位，其他同学看见了，纷纷在背后说："你们看！阿良像个笨狗熊！"

老师讲课时，阿良遇到不懂的问题，就不停地提出疑问，导致课堂教学无法继续。老师着急了，说道："阿良，这么多同学都懂了，怎么就你这么迟钝？"

阿良不知道自己错在哪里，但他相信，自己一定是错了……

缺乏信念的孩子，同时也会缺乏活力，很难充满热情地去做一件事；他们情绪敏感且不安定，常常言行不一、表里不一，容易被他人的看法左右；他们喜欢跟着别人的脚步行事，随波逐流，没有独立的看法，也不相信自己；他们不知道如何解决现实中的难题，总是掉入生活的陷阱，总是需要其他人的帮助。

处于自我意识形成期的孩子，人生观、世界观、价值观都没有完全建立，依然容易受到外界的影响，产生动摇，进而怀疑自己的信念是否合理。当孩子慢慢长大，进入青春期时，如果依然缺乏坚定信念的支撑，他们可能会陷入更深的迷茫，觉得自己完全被孤立，因而产生更强的叛逆心理，或是以消极的姿态放弃自己的信念，变得腐化、堕落。

孩子能否在成长中形成坚定的信念，和家长的早期教育密不可分，也依赖于家长后期的积极引导。那么，怎样的方法才能培养出一个拥有坚定信念的孩子呢？

1. 家长要以身作则，用信念教育孩子。

有信念的家长，非常清楚自己想把孩子教成什么样。他所付出的所有努力，都朝向这个明确的目标。当他教育孩子要"诚实"时，他会真正把诚实当作自己的信念，不会做出有违诚实的举动，同时，他也会接受孩子偶尔说谎，因为他知道，绝对的诚实很难做到；当他教育孩子要"认真"时，他知道，"认真"不只是针对写作业，而是针对生活中要做的所有事情；当他教育孩子学会"感恩"时，他自己也能带头感激生命中的一切美好。

相反，没有信念的家长，在教育中往往会搞出许多自相矛盾的状况。家长对事物的认识不深入、不彻底，知行不一，或者言行多变，会令孩子感到无所适从，也使他们对道理和原则本身产生怀疑。试想，一个怀疑一切原则和道理的孩子，又怎能建立起坚定的信念呢？

2. 别人怎么看没关系，自己的想法最重要。

有了家长合理的早期教导，孩子就能形成一些较稳固的信念，例如，诚实守信、珍惜时间、不懂就要问、做事认真、乐于助人，等等。这些为人处世的基本信念，让孩子能够独自处理生活、学习中遇到的大部分事情。但是，孩子的这些信念往往并不十分坚定，一旦遇到问题或者经历失败，他们就会怀疑自己的信念是否正确。对此，家长要让孩子知道，别人怎么看没关系，自己的想法最重要。一个人必须在困境中有所坚持，才能实现自己的生命价值。

家长要让孩子知道，拥有坚定的信念是一种非常难得的品格，绝不能轻易放弃自己的信念，成为他人的影子。

挪威女作家西格丽德·温塞特曾经说过："如果一个人有足够的信念，他就能创造奇迹。"印度诗人泰戈尔也曾写道："信念是鸟，它在黎明仍是黑暗之际，感觉到了光明，唱出了歌。"一个拥有坚定信念的人，不会被现实中的荆棘缠住脚步，也不会对成功失去信心。一个拥有坚定信念的人，即便暂时不被人理解，也终有一天会赢得他人的尊重。

名人语录

喷泉的高度不会超过它的源头，一个人的事业也是这样，他的成就决不会超过自己的信念。

——[美国]第 16 任总统　亚伯拉罕·林肯

最可怕的敌人，就是没有坚强的信念。

——[法国]思想家　罗曼·罗兰

信念只有在积极的行动之中才能够生存，才能够得到加强和磨炼。

——[苏联]教育家　苏霍姆林斯基

亚伯拉罕·林肯

兴趣 打造属于自己的王国

敏敏的成绩还不错，老师很喜欢他，家长也从不担心她的功课，觉得只要顺其自然，她的未来应该不成问题。

但是最近，敏敏却经常感到沮丧。她发现，自己对学习越来越提不起兴趣，她希望生活里有点新鲜的刺激，但却不知该怎么办。

她的朋友不多，准确来说，只有一个，同样是个"好学生"，只把成绩当作自己生活中的头等大事。敏敏觉得，自己和朋友已经越来越疏远，几乎到了无话可说的程度。

在做功课之外，敏敏常觉得无聊、无事可做。她想，人生似乎不过如此，充满了孤独，充满了寂寞。有那么多人歌颂过生命，歌颂过生活，敏敏却想，这么乏味的生活，难道还值得热爱和歌颂？

人的头脑要想正常工作，就需要不断地从外界获得新的刺激；人的内心要想得到满足，就需要丰富的、充满乐趣的内容来滋补。孩子也是如此，缺乏对生活乐趣的充分体验，他们的内心就会感到空虚、烦闷。

空虚，是一种极其负面的心理状态。强烈的空虚感，会让人失去对生活的热爱。

研究表明，在现实生活中，缺乏兴趣爱好的人，最容易感到空虚，无论大人还是孩子，都是如此。兴趣爱好，是生活与心理状态的调节剂。一个人的兴趣爱好越广泛、越深入，他能从爱好中得到的乐趣也就越多，这会使他的头脑一直保持活力。

那么，家长应该如何培养孩子的兴趣爱好呢？

1. 教孩子培养一个属于自己的兴趣，摆脱贫乏。

孩子有选择自己兴趣爱好的权利。家长应该尊重孩子的选择，不要一手操办他们的课外活动，应该尽量给他们发展个人爱好的自由。

孩子需要一个属于自己的兴趣，一个可以独自享受的兴趣，一个不需要任何人参与的兴趣。这样，无论在何时何地，孩子都能从兴趣中获得满足。

阅读、漫画、手工、弹琴、滑板、电影、游泳或者饲养宠物，都可以成为孩子的爱好，关键是他们自己要喜欢。史蒂夫·乔布斯曾经说过一句话："如果你还没能找到让自己热爱的事业，继续寻找，不要放弃。跟随自己的心，总有一天你会找到的。"这个道理，在发展兴趣爱好上同样适用。一个人总会发现一些自己喜欢做的事情。孩子也许需要不断地尝试，或者经历几次失败，才能找到一个适合自己的兴趣爱好。在此期间，家长要学会鼓励他们："别停下来，继续寻找。"

2. 教孩子培养一个需要他人参与的兴趣，摆脱孤独。

一个人的孤独感，往往来自于不被理解，内心的快乐和苦闷都无人分享。孩子成长到一定阶段，如进入青春期，这样的感觉会尤其强烈。如果此时孩子拥有一个可以与他人一起完成的兴趣爱好，如下棋、足球、篮球、乒乓球、扑克、羽毛球，或者组一个乐队等。与有同样爱好的人一起分享兴趣、分享快乐，孩子便不会感到太孤独。

3. 教孩子培养一个与自然有关的兴趣，缓解压力。

自然，是缓解压力的灵丹妙药。家长要给孩子创造机会，让他们亲近自然，如登山、钓鱼、冲浪、野炊、户外旅行、天文、园艺，等等。

经常接近自然的孩子，能够发现自然的广阔与神秘，能够领悟到生命的美丽与珍贵，从而就不会轻易陷入消极情绪的死胡同。

4. 培养孩子的兴趣爱好，自主活动与课外培训相结合。

家长常常过于迷信所谓的"兴趣班"，认为不经过正规的培训，孩子的兴趣就难以获得真正的发展。事实上，有许多孩子本来对某件事抱有兴趣，但一经过培训班的"洗礼"，兴趣就消失了。

培养孩子的兴趣爱好，一个重要原则就是不能给孩子太多压力。在培训班里，统一而明确的学习任务、有条不紊的学习计划、与其他孩子的成果对比，都可能严重挫伤孩子的积极性。

课外培训，是对孩子自学内容的深化与提高。如果孩子有对事物进一步探究的欲望，家长可通过课外培训满足他的学习需求。

其实，孩子的大部分兴趣爱好，是可以通过自学入门的，例如各项体育运动、画画，或者演奏简单的乐器等。家长可以为他们提供一些必要的教材，让他们在兴趣的推动下自己摸索；如果孩子想进一步深造，再考虑参加培训班。

英国有句著名的谚语："兴趣是不会说谎的。"家长对孩子兴趣爱好的培养，不应该带有功利性质。只有找到符合自己天性的兴趣，孩子才能打造一个真正属于自己的王国，并从中发掘出无穷无尽的乐趣。

名人语录

一个深广的心灵总是把兴趣的领域推广到无数事物上去。

——[德国]哲学家　黑格尔

年轻时，由于兴趣广泛，容易忘事；年老了，由于缺乏兴趣而健忘。

——[德国]作家　歌德

思维世界的发展，在某种意义上说就是对惊奇的不断摆脱。

——[美国]物理学家　爱因斯坦

天才，就是强烈的兴趣和顽强的入迷。

——[日本] 教育家　木村久一

黑格尔

自赏　别自卑，每个人都是独一无二的

　　阿坤觉得，自己身上没有什么是值得欣赏的，他成绩较差，长相一般，没什么特长，也不会讲笑话逗人开心。但是，阿坤还是希望自己能够交到很多朋友。

　　在课堂上，阿坤从不主动举手回答问题，每次老师把他叫起来，他的心都提到了嗓子眼儿，脑子里一片空白。他用余光瞟着别的同学，生怕别人都看着他。他总是听到一些窃窃私语，或者细碎的笑声，他想，那一定是别人在嘲笑自己。

　　课下，同学们一起玩游戏，阿坤总是自愿做那个被欺负的角色，他给女同学撑皮筋，给男生当"大马"，有的同学不小心伤害了他，他也觉得没什么，这很正常。

　　阿坤还总是带玩具去学校，家里的玩具拿出去经常是有去无回。看着同学们玩着自己的玩具，阿坤才觉得，自己有了点被人喜欢的理由。

　　自卑是一种人格缺陷、一种失去平衡的心理和行为状态。简单来说，自卑就是自我评价过低、自己瞧不起自己。

　　一个人的自卑心理，大多形成于幼年时期，但它会对人的一生造成消极的影响，使人难以正确认识自己，看不到自己的价值。长期生活在自卑阴影中的人，背负着沉重的心理包袱，总是被别人的眼光左右，要求自己满足别人的期待，这样不仅压抑了自己的天性，也扼杀了可能的发展前途。

自卑的孩子，表现为敏感多疑、胆怯懦弱、孤僻内向；他们认为自己不如别人，常用自己的短处和别人的长处对比；他们做事情不相信自己的能力，左顾右盼、前思后想，生怕把事情搞砸，惹人讥笑。一个孩子如果被自卑心理笼罩，人际交往能力会受到严重束缚，聪明才智也得不到有效的发挥；由于不相信自己可以把事情做好，自卑的孩子还缺乏毅力，逃避竞争，遇到困难便会畏缩不前，难以实现目标。

要改变孩子的自卑心理，家长要教孩子学会自我欣赏，不要处处跟别人比，更不要只看到自己的不足。孩子要明白，每个人都是独一无二的，每个人都有自己的长处，有自己存在的价值和意义。

1. 教孩子降低自我要求，学会欣赏自己的成果。

家长对孩子要求过高，或者孩子的自我要求过高，都容易使孩子产生挫败感。一般来说，一个人的自我要求越高，才能的发挥也就越充分。然而，对于自卑的孩子来说，情况刚好相反，过高的要求会打击孩子的积极性，挫伤孩子的进取心。

例如，对于学习成绩不佳的孩子，家长不要再给他们定下"期末考前三名""数学成绩达到90分"或者"成为尖子生"之类的要求。这只会让孩子觉得成功遥遥无期，进而更加怀疑自己的能力。

在学习生活中，家长可以帮孩子将大目标分解成若干个小目标，做到每节课、每天、每个星期、每个月都有目标可寻。当目标变得小而具体时，孩子就感到易于实现，这样，他就能看到自己的每一次进步，学会欣赏自己的成果，这对提升自信心有很大的帮助。

2. 多赏识，少批评，帮助孩子建立自尊。

孩子的自信首先来自强烈的自尊心，一个没有自尊的孩子是不可能有自信的。自尊心很脆弱，如果接收到太多负面信息，便会慢慢瓦解。

在日常生活中，家长要善于发现孩子的闪光点，不要总是抓住孩子的缺点不放。家长对孩子的赏识、认可越多，孩子的自尊心就越强烈，他会认同自己是"好"的，不会轻易接受自己比别人差。

帮助孩子建立自尊，就不能对孩子说有辱人格、有伤自尊的话，例如："没出息""怎么这么笨""谁都比你强"，等等，尤其不能随意辱骂、惩罚和殴打孩子。

3. 引导孩子正确认识自己，每个人都是独一无二的。

孩子自卑，往往是因为缺乏对自己的正确认识。他们把外在的评价当作考量自己的唯一标准，一旦别人觉得自己差，他们就认定自己各方面都不如人。

家长要让孩子知道，每个人都是独一无二的，都有自己独特的个性，也都有优点和缺点。有些优点可能会获得很多赞扬，例如成绩好、性格开朗、长得漂亮，等等，有些优点却容易被外界忽略，例如勤奋、想象力丰富、乐于助人、热爱劳动等。家长要引导孩子发现自己身上的优点，看到自己同别人之间的差异，并且坦然接受这种差异。不要因为自己的优点尚未得到外界认可，就觉得自己一无是处。

4. 运用逆向比较法，消除自卑心理。

没有比较就没有认识。要认识自己，我们就常常拿别人来做比较。

虽然一般来说，我们并不提倡用自己的长处去比别人的短处，但对于过分自卑的孩子来说，采用逆向比较的方法，常常能获得意想不到的效果。

孩子的心思非常单纯，他们喜欢听别人说自己好，喜欢自己比别人强。因此，家长可以满足他们的这种小心思，适当地夸赞他："只有你自己不知道你有多么优秀。"或者："我悄悄告诉你，其实在这方面，你是你们班里最强的。"

自赏不是自恋，我们并不是要让孩子长成一朵顾影自怜的水仙花。自赏，是欣赏世界的一个方面，只不过这一次，我们让孩子把眼光转向自己，看到自己的优点，看到自己的美好，看到自己的独一无二。一个懂得自赏的孩子，才能拥有健康、自然、快乐的生活。

名人语录

一个不欣赏自己的人，是难以快乐的。

——[中国台湾]作家 三毛

深窥自己的心，而后发觉一切的奇迹在你自己。

——[英国]哲学家 培根

你可以说自己是最好的，但不能说自己是全校最好的、全北京最好的、全国最好的、全世界最好的，所以你不必自傲；同样，你可以说自己是班级最差的，但你能证明自己是全校最差的吗？能证明自己是全国最差的吗？所以不必自卑。

——[中国]新东方教育科技集团董事长 俞敏洪

三毛

建设 拒绝无理由的叛逆，知道自己想要什么

小蒙马上就要 14 岁了。

小学的时候，小蒙的功课一直很好，他顺利考上了一所重点初中，爸爸妈妈很高兴，觉得孩子考重点高中也一定没问题。

可是，到了初二，小蒙的学习发生了翻天覆地的变化。老师给家长打电话，说小蒙开始逃课，请家长到学校去一趟，这时，爸爸妈妈才意识到问题的严重性。

原来，小蒙一直没跟家人说，他的成绩已经一落千丈。初一的时候在班里还是前三名，现在已经排在倒数行列了。课堂上，小蒙不再认真听讲，总是插着耳机，在课桌下偷偷看漫画。老师布置的作业，小蒙也不主动完成，都是借其他同学的来抄。

从老师口中，爸爸妈妈还得知，最近，小蒙总是和几个同学一起逃课去网吧打游戏……

孩子在成长过程中，会经历几个显著的变化期，最让家长忧虑的，大概就是"青春叛逆期"了。这个叛逆期一般发生在孩子 12 ~ 18 岁的时候，很多父母发现，在此期间，自己的孩子发生了"翻天覆地"的变化。

处于青春叛逆期的孩子，情绪容易波动，常与家长产生剧烈的矛盾冲突，在校园的表现也变了许多，经常做出一些破坏性的举动，例如逃课、打架、伤害自己，甚至离家出走。孩子的性格大变，言语和行为出现对抗性，甚至逻辑和思想也变得和原来完全不同，令许多家长感到伤心、气愤，同时又束手无策。其实，只要了解孩子叛逆的原因，家长就会发现，孩子的叛逆并没有那么可怕。

心理学理论认为，叛逆，只是人们探索自我、建立自我的一种途径。在青春期，孩子需要建立一个由自己决定的"自我"，势必要对之前那个由他人决定的"自我"进行推翻和破坏。此时，孩子心理的变化，再加上外界的压力影响，会使孩子的心理状态表现为极度的混乱、挣扎、矛盾和冲突。

有破坏，就会有伤害。然而，不破不立。叛逆虽然常常以"破坏"的姿态出现，但它的本质却依旧是"建设"。如果没有经历叛逆期的对抗，孩子就无法建立真正的"自我"。

但是，孩子常常难以意识到这一点，这时候，家长的正确引导就变得尤为重要。

1. 正确看待孩子的叛逆行为，允许孩子发泄情绪。

青春期的孩子非常敏感、情绪多变。如果孩子把内心冲突全部掩藏起来，不叛逆、不发作，这样的孩子，即便表面依然乖巧，但内心深处，可能已经堆积起大量的负能量。

所以，家长首先要知道，叛逆的行为是孩子疏导不良情绪、维持心理平衡的一种重要方式。当孩子做出对抗性的举止时，例如不讲道理、与家长顶嘴，或者用暴力宣泄情绪，家长要表示理解，千万不要"以暴制暴"，而是要通过温和的引导，帮助孩子选择更积极的方式宣泄情绪。

2. 合理谈话，知道孩子想要什么，不想要什么。

处于叛逆期的孩子，感到自己的生活不由自己掌控，因此他们常常想要破坏生活中既成的一切。一个学习好的孩子，可能突然觉得成绩没有任何意义；一个听话懂事的孩子，可能完全不想再做一个"乖乖女"；一个从小懂得简朴、节约的孩子，可能突然变得奢侈、浪费……

在叛逆期里，孩子会觉得，只要是外界强加给自己的东西，都应该舍弃。他们被这种强烈的情绪控制，不再关注自己内心真正的需要。这时，家长要及时与孩子沟通，帮助他们认清，在现实生活中，究竟哪些东西是他不想要的，哪些东西是可以保留的。

孩子逃课去逛街，真的觉得快乐吗？不，单纯的逛街不会让他快乐。他想要的，只是不被学校的秩序约束；孩子放弃学习，是真的不想上好学校了吗？不，他只是不满足于把"考试"当作自己的唯一目标；孩子离家出走，是真的不想要父母了吗？当然不是。他只是不想要父母对自己的"管教"，不想要父母强加给自己的"期待"。

要弄清楚自己想要什么，不想要什么，孩子才能真正看清自己的内心，才能有针对性地做出取舍，而不是"恨屋及乌"地否定自己曾经拥有的一切。

3. 设定目标，把"破坏"转化为"建设"。

如果没有建设的目的，那么一切都可以被摧毁。因此，越是缺乏生活目标的孩子，叛逆行为也就越严重。

倘若在早期教育中，家长建立了与孩子良好的沟通模式，那么此时，这种模式将发挥出巨大的作用。因为唯有那些被孩子信任的家长，才能被孩子接受。

家长可以用尽量温和的语言，引导孩子设想自己的未来，一个尽可能让他满意的未来，然后与孩子一起分析，如何到达那个未来。这个分析的过程，也是一个制订计划的过程。在这个过程中，家长不要对孩子的目标做任何评判，不要说："你只想这样吗？真没出息。"或者："你的理想太缥缈，我看很难实现。"家长要对孩子的理想保持尊重，并提出一些合理的建议，让孩子明白，在实现目标的过程中，自己需要什么、不需要什么。

唯有让孩子知道，破坏不是目的，建设才是最终目的；也唯有让孩子相信，他有主宰自己人生的权力，孩子才能从消极对抗的情绪中摆脱出来，为建设自己的未来、实现自己的梦想做出积极的努力。

名人语录

一味地挖苦、贬低会导致孩子的反抗——反对父母，反对学校，或者反对整个世界。

——[意大利]思想家　乔尔丹诺·布鲁诺

人的青春是短暂的，但是，如果卑劣地度过这短暂的青春，就显得太多了。

——[英国] 戏剧家　莎士比亚

一个青年出自本性反抗一切是好的预兆。凡是有所成就的无不是这种桀骜不驯的人。

——[法国]小说家　罗杰·马丁·杜·加尔

罗杰·马丁·杜·加尔

分寸　适可而止的人际关系最能健康长久

　　小禾交朋友有一个特点。在一段时间之内，她只能有一个最好的朋友。一旦确定了这个"好朋友"，她就会每天和对方黏在一起，手牵着手，形影不离。如果对方和别人多说了几句话，或者课间和别人一起玩，小禾心里就会非常不舒服，她会想：也许她更喜欢和别人做朋友，而不是我。

　　因为这些事情，小禾总和朋友生气、争吵、冷战。慢慢的，朋友对她也渐渐疏远了。对方有了新的朋友，小禾也会再找到一个如影随形的朋友。但是，同样的事情总是反复上演。

　　这样的事情多了，小禾想，也许自己不该对朋友那么"好"，这样太不公平了。

　　话虽如此，但每次遇到一个"心心相印"的伙伴，小禾都非常喜欢，在家里也总是念叨朋友的优点，这也好，那也好。然而，没过两个月，爸爸妈妈就会发现，小禾开始埋怨自己那位朋友，这也不好，那也不对……

　　爸爸妈妈知道，再过一段时间，小禾又会重新说起朋友的好处来，只不过那个时候，小禾嘴里说的，已经是另一个朋友了。

　　人们常常用"亲密无间"来形容两个人之间的深厚感情。然而在现实生活中，奇妙之处恰恰在于，越是"无间"的情感，越是"不得善终"。如果不能保持合适的距离，不管是多亲密的两个人，都会越走越远，甚至突然之间形同陌路。

古人云"君子之交淡如水"，唯有懂得掌握距离、把握分寸，人与人之间的感情才能维系长久。

倘若不懂得在人际交往中把握分寸，就很容易陷入狭隘和自私的误区，伤害了别人，也伤害了自己。

孩子也许需要尝试几份友情、经历几次失败，才能慢慢懂得这个道理。在这个过程中，要保证孩子的真诚不受伤害，保证孩子不丧失对别人的信任，保护孩子对未来建立良好人际关系的渴望，家长的引导非常重要。

1. 顺从孩子的思考逻辑，提出"分寸"的概念。

孩子的心思简单，他会想："我喜欢这个人，为什么不能每分每秒和他在一起？""我们之间，他的就是我的，我的就是他的，这有什么不可以？"孩子的逻辑非常简单："如果我们现在是好朋友，就会一直是好朋友。""如果我现在喜欢他，就会一直喜欢他。""如果亲密代表互相喜欢，那么距离就只代表互相讨厌。"

面对这样的逻辑，如果家长强行否定，对他说："这是错的，你太天真了。"或者："这只是你一厢情愿，别人可不会这样想。"这样的话，会伤害孩子的赤子之心，让他觉得，真诚是不对的。

事实上，家长应该依据孩子的逻辑，肯定他的想法，然后，在孩子不排斥的情况下，进一步提出"分寸"的概念。例如说："与人交往，就是要这样真诚，但也要有所控制。"或者："亲密的关系固然很好，但过于亲密，就可能产生一些矛盾，所以我们要讲究分寸。"不要强迫孩子接受这个观点，只是给他打个预防针，告诉他："这一点，你现在可能不理解，以后在和别人交往的时候，可以慢慢体会。"

2. 与人相处，给对方留出足够的空间。

孩子的占有欲太强，有了某个朋友，就觉得朋友整个人都是自己的，这会使孩子在人际交往中变得自私、狭隘、易猜疑。然而，孩子往往意识不到这些，直到友情破裂了，他依然觉得，是自己的感情遭到了欺骗，自己受到了伤害。久而久之，他会丧失对他人的信任，丧失对友情的信心，变得虚伪，或者孤僻。

家长要让孩子知道，每个人都是自由的，都需要自己的空间。家长要引导孩子从怨怼、计较的情绪中走出来，让他知道，虽然每个人都需要情感，但同一种方式并不适用于所有人。要允许朋友用自己喜欢的方式生活，要给他足够的自由空间，不能限制他的自由，也不能过于计较得失。

3. 异性交往，更要善于把握分寸。

孩子与同性之间发展友谊，有时看不出讲究分寸的必要，但在与异性交往时，分寸的重要性孩子自己也能有所体会。

一般孩子长到 3 岁时，就已产生社会交往的欲望，他们对同龄儿童发生兴趣并且需要找小朋友一起玩耍。在他们心目中，这时的男女伙伴并无什么差别，他们之间的交往是天真纯洁的，认为只要能在一起学习玩耍就是好朋友。

我是不是喜欢上他了？

有些家长不愿意孩子同异性相处，担心孩子早恋。其实，异性孩子在一起活动，有很多好处：可以使孩子消除性别的神秘感，培养他们自由交往、自由发展的天性；有利于他们社会交往能力的增强，也有利于各自心理的健康发展。如果家长禁止异性孩子在一起活动，会使孩子对异性产生神秘感，不利于心理的健康发展；同时孩子也失去了与异性交往、学习的机会，使其以后可能因缺乏与异性交往的经验而导致对社会不能很好地适应。

家长要尊重孩子的心理发展特点，不要一味制止他们和异性接触，以免造成反效果。正确的做法是鼓励孩子和多个男女同学一同交往，发展广泛的友谊，而不仅仅是局限于某个异性同学。家长也可以鼓励孩子把同学带到家里来学习或玩耍，这样，一方面有利于和孩子建立信任关系，另一方面也便于家长了解孩子的交往圈子。

青春的友情是开放的、纯洁而美丽的，家长不要打击孩子人际交往的积极性，而要帮助孩子掌握人际交往的分寸，引导孩子的人际关系健康发展。

名人语录

无论你怎样地表示愤怒，都不要做出任何无法挽回的事来。

——[英国]哲学家　培根

思而后行，以免做出蠢事。因为草率的动作和言语，均是卑劣的特征。

——[古希腊]数学家　毕达哥拉斯

真正的友谊是一种缓慢生长的植物，必须经历并顶得住逆境的冲击，才无愧友谊这个称号。

——[美国]第一任总统　华盛顿

华盛顿

勇于实践，不要让梦想沦为空谈

阿赋有一个梦想，就是要当一名歌星。每次，他坐在电视机前，看着舞台上光彩照人的歌手，心里都非常激动。

阿赋自己也喜欢唱歌，只可惜五音不全，一首简单的歌曲都会唱跑调。开始的时候，阿赋还喜欢在爸爸妈妈面前唱歌，但爸爸妈妈总是笑他，阿赋也觉得自己唱得不好，就不再唱了。

但阿赋还是每天都在做梦，幻想着自己站在舞台上，聚光灯照射着，台下人山人海，热烈的掌声此起彼伏……这样的想象，总是可以让阿赋幸福好久。

有一次班会上，老师让同学们说说自己的梦想，阿赋犹豫了很久，最后不好意思地说："我……我想……当歌星。"同学们哄堂大笑："阿赋，你不行啊！你唱歌跑调，怎么当歌星？"

阿赋难过极了，坐在座位上，他狠狠地掐着自己的胳膊，心里对自己说：不要再瞎想了，你永远也当不了歌星……

梦想，是一个人生命中非常重要的东西。只有梦想可以让我们有希望，只有梦想可以让我们保持充沛的想象力与创造力。梦想是人奋斗的动力，它可以为人生带来无限的可能。

然而，一个人的梦想，必须靠自己的实际行动来实现。只说不练，再美好的梦想都会夭折。现实中所有的成功者，无不是在执着的奋斗中，依

靠顽强的信念践行着自己的梦想。

孩子总是喜欢做梦的，小时候，他们总有许许多多的梦想，那些梦想往往不是经过深思熟虑后的选择，而是一个个的"灵感"。此时，如果家长不懂得呵护孩子的热情，培养孩子的行动力，反而轻蔑他、忽视他的梦想，那么久而久之，孩子就失去了梦想的力量。

那么，家长应该如何保护孩子的梦想，并且鼓励他将空想转化为实践呢？

1. 培养孩子的梦想，切莫以学习成绩为目标。

家长要以淡泊、长远的目光看待孩子的梦想，任何急功近利的想法都是要不得的。

在考试、升学的压力下，许多家长都认为，孩子只要学习成绩好了，以后自然要什么有什么，这种想法是片面的、短视的。

如果家长总是对孩子说："什么都不用你干，你把书读好就行了。"或者："成绩不好，上不了好学校，想再多都没用。"这会让孩子觉得，成绩就是自己的头等大事，其他的一切都是"不务正业"。久而久之，他们只能学会满足父母的期望，却不知道自己真正想要什么，学习也就没了动力。

要帮助孩子建立梦想，家长就要让孩子知道，取得好成绩并不是梦想，只是实现梦想的方法、手段。孩子需要自己去考虑自己想要什么样的未来、什么样的人生。

2. 以身作则，用梦想的力量感染孩子。

有些家长一味要求自己的孩子出人头地、光宗耀祖，自己却每天吃喝玩乐、不思进取。这样的家长把自己的梦想变成了空谈，还凭什么去要求孩子呢？

在日常生活中，家长要有所追求、有所梦想。无论是一个已经被实现的理想，还是尚未被实现的理想，都同样拥有感染孩子的力量。只要让孩子看到，家长也在为了梦想而努力，他们自然能认识到梦想的可贵，也会懂得将梦想转化为实践的必要。

3. 阅读名人传记，以榜样的力量支持孩子。

让孩子阅读名人或者偶像的传记，是一个行之有效的方法。

偶像，本来就是孩子渴望成为的人，他们的奋斗故事，能够有效地帮助孩子建立对成功的全面认识。首先，偶像所从事的事业，往往是孩子所向往的，这可能会激发起孩子成就事业的渴望；其次，名人的成功之路，往往并非一帆风顺，通过阅读他们的故事，孩子会认识到实现梦想的过程中可能面临的困难、艰险；再次，有了榜样的力量，孩子会相信，梦想并非只是空谈，而是可以通过努力去实现的。

4. 引导孩子勇于实践，不要让梦想成为空谈。

当孩子的内心跳跃出梦想的火花时，家长既不能对其打压，也不能任其荒废，而是要善于引导孩子努力实践，不要让梦想成为空谈。

当孩子说"我想当一个歌手"时，即便他五音不全，家长也应该帮助他找到改善的方法，提升孩子的音乐素养；当孩子说"我想在月球上造房子"时，家长不应该斥之为"痴人说梦"，而是要引导他学习月球的相关知识；当孩子想为干旱地区的人们打一口井时，家长应该帮助他寻找合理的方案，让他知道怎样实现自己的愿望……

孩子若是没有梦想，世界也就没有未来了。尊重孩子的梦想，引导孩子勇于实现自己的梦想，让孩子一生幸福，这就是教育能够取得的最大成功。

名人语录

　　一个人可以非常清贫、困顿、低微，但是不可以没有梦想。只要梦想一天，只要梦想存在一天，就可以改变自己的处境。

——[美国] 主持人　奥普拉

　　最初所拥有的只是梦想，以及毫无根据的自信而已。但是，所有的一切就从这里出发。

——[日本]企业家　孙正义

　　梦想一旦被付诸行动，就会变得神圣。

——[英国]天文学家　阿·安·普罗克特

　　梦想无论怎样模糊，总潜伏在我们心底，使我们的心境永远得不到宁静，直到这些梦想成为事实才止；像种子在地下一样，一定要萌芽滋长，伸出地面来，寻找阳光。

——[中国]作家　林语堂

林语堂

154

🏅荣誉 成绩是起点，荣誉是动力

　　卡卡是全校公认的好学生，他学习成绩优异，其他各方面也表现良好，几乎每年都能拿到"三好学生"的奖状。

　　卡卡的家里已经挂满了奖状，每次亲戚朋友来做客，都会看到这些奖状，然后夸赞卡卡是个有出息的孩子。久而久之，卡卡习惯了这些表扬，也觉得没什么。

　　有一次，学校又评三好学生，学校让每个班推荐两位同学。卡卡的班里有三位非常优秀的学生，不相上下，这让班主任犯了愁。班主任心想，卡卡已经连续几年被评为"三好学生"了，最近表现得确实有些骄傲，这次应该把机会给其他同学。

　　在宣布"三好学生"名单的时候，同学们都觉得这次一定还是卡卡。可是，老师一宣布两位同学的名字，卡卡脑子里顿时一片空白。

　　看着同学们纷纷祝贺那两位"三好学生"，卡卡的心里很不是滋味，他甚至不知该如何面对那两位同学。卡卡试图保持微笑，但却没能做到。他觉得自己像个落败的将军，浑身上下都写满了耻辱……

　　荣誉，是社会或集体对一些人的优秀行为所给予的肯定和褒奖。

　　荣誉感，是一种强大的精神动力，能够催人不断奋进。无论大人还是孩子，都有着对荣誉的向往，这种心态是正常的。一个曾经得到荣誉的人，会对荣誉产生更加强烈的渴望，这种渴望，促使他进一步规范自己的行为，积极进取。相反，倘若一个人的荣誉需求长期得不到满足，他的荣誉感便不会被强化，久而久之，对荣誉的渴求便会冷淡下来。

许多时候，荣誉可以被当作一个人自我价值的体现。然而，荣誉是一把双刃剑，他既能成就一个人，也能毁灭一个人。德国作家席勒曾经说过："还有比生命更重要的，那就是荣誉。"在我们所熟知的历史上，有不少人愿意为荣誉牺牲性命，甚至有许多在荣誉和掌声中成长起来的人们，一旦丧失了他们的荣誉，便再也无法找到生存的意义。

学校，是孩子的社会。在学校里，孩子获得的每一次成功、每一份奖赏，都标志着一份荣誉。对于荣誉感强烈的孩子来说，每一次失败、每一次批评，也都意味着一份耻辱。孩子自身人格的建立，与老师、集体对他们持有的褒贬看法息息相关。因此，培养孩子形成良好的荣誉感，教孩子学会正确面对成长中收获的荣誉，是家庭教育的一个重要课题。

1. 赏识有度，合理对待孩子的荣誉。

没有赏识，就没有荣誉。要培养孩子良好的荣誉感，家长首先要善于赏识孩子的成果。

善于赏识，不是无标准、无节制的赏识。孩子在学校获得的荣誉，是老师、集体对他的认可，孩子会不假思索地接受这些认可，并且把这当作炫耀的资本。面对孩子取得的荣誉，家长首先要能准确判断，这荣誉对他来说究竟意味着什么。要知道，荣誉不是最重要的，最重要的是荣誉背后的成绩。当孩子从学校捧回一张奖状，家长不要轻视他的欢喜，而是要及时对孩子进行表扬。但一定要注意，要重在对孩子获得的成绩的表扬。

家长和孩子要学会正确看待荣誉，不过分夸大荣誉带来的影响，才能拥有一颗宠辱不惊的心。这样一来，当孩子偶尔有一次没拿到奖状，家长也不必说："这次没拿到奖状，感觉丢人了吧！"而是可以借机引导他反省自己："你依旧很棒，但这次没拿到奖状，是什么原因呢？"

2. 培养孩子的荣誉感，帮助孩子树立目标。

英国唯物主义哲学家洛克在《教育漫话》中说过："荣誉虽然不是德行的真正原则和标准，但是它离德行的真正原则和标准是最近的。它是一种指导、鼓励儿童的正当方法。"

荣誉并不是评价一个人的唯一标准，但家长在帮助孩子树立学习目标时，可以参考荣誉的要求。例如，"三好学生"要求"德智体美劳"全面发展，那么，家长就可以以此为原则，帮助孩子确立他在这五个方面的努力方向；再如，社会常常对乐于助人的人提出表扬，并给予荣誉，家长也可以据此教育孩子，乐于助人是一种被广泛认可的美德，以此来激发孩子帮助别人的欲望。

3. 荣誉感不是虚荣心。

面对缺乏荣誉感的孩子，家长要培养他建立荣誉感；面对荣誉感太强的孩子，则要教他学会面对失败。

过分的荣誉感会转变成虚荣心，让孩子在失败面前感觉到耻辱，这时，家长要及时帮助孩子调整心态，教他们不要太在乎别人的看法，要专注地面对自己的心。

生命是短暂的，荣誉是长久的，这也许是人们费尽心力追求荣誉的原因之一。然而，荣誉，不过是一句赞扬。这赞扬能产生多大的力量，全看一个人如何对待。

名人语录

没有荣誉感的人，就是没有灵魂的人。

——南斯拉夫谚语

当你做成功一件事，千万不要等待着享受荣誉，应该再做那些需要的事。

——[法国]化学家　路易·巴斯德

荣誉不能寻找，任何追求荣誉的做法都是徒劳的。

——[德国]作家　歌德

该得到的荣誉却未得到，比不该得到荣誉而得到要好得多。

——[美国]作家　马克·吐温

路易·巴斯德

希望 向着希望前行，阴影便被抛在身后

阿哲与好朋友小德约好了，这个周六一起去郊外野炊。这次郊游，阿哲已经期盼了两个月，因为野炊的地方比较远，阿哲花了好大功夫才说服父母同意了。

现在，离郊游时间只有不到一周了，阿哲每天都非常兴奋，但是，在期待的同时，他也有好多忧虑：该带哪些食物和玩具？有没有少准备什么？自行车的气足吗？万一迷路怎么办？没有大人在身边，会不会发生什么危险？万一天气不好呢？……

终于熬到了周五，夜里，阿哲躺在床上，激动得都睡不着觉了！

第二天，阿哲起得很早，兴致高昂，整装待发。正准备出门，他接到了小德打来的电话，小德说，他爸爸今天要带他去游乐场，所以不能和阿哲出去了……

失望，是一种常见的负面情绪。当一个人的希望未能得到实现，心愿未能得到满足，便会产生诸如落寞、难过、苦闷、悲哀等消极的情绪，这些情绪，我们统称为失望。

希望与失望，是一块镜子的两面。没有希望，人们对事物不报任何期待，自然也就不会失望。但是，如果没有失望，希望也就没有了任何魅力。

话虽如此，但在很多时候，失望还是会给人的生命带来非常负面的影响。"灰心生失望，失望生动摇，动摇生失败。"英国哲学家弗朗西斯·培根曾经这样说。的确，失望会使人产生怀疑，怀疑自己的选择是否正确、自己的愿望是否合理……一个人如果经历太长久的失望，他可能会对生活彻底失去信心，看不到未来的转机，也不愿再为理想做任何努力。

孩子虽小，他们的生活中，也会经历失望。心中的愿望没有实现，付出的努力没有回报，别人的诺言没有兑现，自己的目标没有达成……

没有希望，就没有明天。那么，家长应该怎样引导孩子学会面对失望，不放弃梦想，在人生的道路上，怀着满满的希望勇敢向前呢？

1. 适度安慰，引导孩子接受生活中的失望。

孩子感到失望时，常常觉得自己受到了伤害，遭遇了不公正的对待。如果家长表现出过分的同情和怜惜，孩子的失望情绪可能会加重。因此，面对失望中的孩子，家长的安慰要适度，让他明白失望是人生中的正常经历，要有勇气面对。例如说："妈妈知道你很失望，如果换作是我，也会感到难过的。但人生本来就充满了变化，你永远不知道下一秒会发生什么事情。"

有些家长认为，孩子不应该受这些委屈，于是想尽办法补偿孩子的失落，例如给他买个玩具，或者带他去游乐场，等等。这样做，只会让孩子形成一种意识，认为他在生活中遇到的任何失望，都应该得到补偿。这样一来，孩子非但不能学会接受现实，还将习惯于对身边的人提出无理的要求，以此来平衡自己的情绪。

2. 寓情于理，教孩子从失望中学习经验。

比安抚孩子情绪更重要的，是引导他们从失望中学习经验，用以面对未来的生活。

家长要帮孩子分析，事情出现差错的原因是什么：是自己的差错，还是别人的差错？是突然发生的问题，还是潜伏已久的问题？通过分析这些道理，教孩子懂得未雨绸缪、趋利避害，并且学会处理其他类似的事情。

失望并不可怕，可怕的是失望了，却依旧不明真相。孩子需要明白，现实中什么是可以控制的，什么是不能控制的。例如：自然、社会环境是难以控制的，但我们可以改变自己的做事方法；别人的选择是难以控制的，但我们可以改变自己的态度；突发事件是难以控制的，但我们可以改变自己的心情。

3. 分享失望经验，让孩子看到希望的曙光。

孩子遇到了失望的事情，如果缺乏经验，很可能会直接陷入绝望：愿望落空了，他可能会想，这个愿望是不可能实现的；朋友违约了，他可能会想，任何人都是不能相信的；做事遇到了挫折，他可能想，这个计划本来就无法成功……这样极端的思考逻辑，只会把"希望"这个词彻底从他的头脑中抹掉。此时，家长可以与孩子分享一些自己的经验、自己曾经遇到的失望，以及之后的处理方法。总之，家长要让孩子知道，失望只不过是人生路上可能遇到的"陷阱"，而希望才是这条道路的终点。人掉到"陷阱"里，可能暂时看不到路的前方，但只要保持乐观的心态，积极思考、不放弃努力，就能从失望的"陷阱"里爬出来，重新看到梦想。

4. 给孩子足够的时间，淡化自己的负面情绪。

孩子失望时，家长除了必要的安慰和引导之外，也要给孩子留出足够的时间，由他自己去感受、去思考，淡化自己的负面情绪。家长可以给孩子提出建议，例如，让他们看看书、写写日记、散散步，或者和朋友玩一会儿。孩子最终的释怀来自自己，而不是父母的说教和指示。

世上没有绝望的处境，只有对处境绝望的人。因此，家长一定要经常告诫孩子："只要排解出内心的负能量，眼睛注视着前方，你就会发现，希望一直都在。"

名人语录

黑夜无论怎样悠长，白昼总会到来。

——[英国]作家　莎士比亚

生活于愿望之中而没有希望，是人生最大的悲哀。

——[意大利]诗人　但丁

希望与忧虑是分不开的，从来没有无希望的忧虑，也没有无忧虑的希望。

——[法国]作家　拉罗什富科

我们必须经常保持旧的记忆和新的希望。

——[英国]作家　毛姆

但丁

第六章

与人交往，做个正能量的传递者

随着孩子的成长，他们人际交往的范围也在逐渐扩大。一个充满正能量的人，更容易得到别人的喜爱和信任，也更容易在人际交往中得到快乐。

人际交往是一种综合能力，仅有交往的愿望还不够，缺少了交往的技巧和经验，孩子就容易在交往中受挫，所以，学会一定的交往策略对孩子来说十分重要。

宽容 严以律己，宽以待人

宽容，是一种非常珍贵的品格，主要表现为对他人个性的理解，以及对他人过错的原谅。富有宽容心的孩子，往往心地善良，性情温和，仁义大方，受人拥护。缺乏宽容心的孩子，往往性情怪诞，喜欢计较，不易与人亲近，人际关系往往处理不好。

阿彩和小龙是同桌，最近，阿彩对小龙很有意见，因为在写作业的时候，他总是不知不觉地跨过课桌上的"三八线"，还总是突然碰到阿彩的手臂，让她在作业本上留下一个错误的痕迹。阿彩提醒过小龙很多次，小龙却总是笑嘻嘻地说："对不起，我不是故意的。"

阿彩想了个办法，在写作业的时候，她的左手臂尽可能地向小龙那边伸过去，想让他尝尝被挤到的滋味。但是，小龙不为所动，阿彩过来一点，他就让过去一点，好像他并不需要多少空间。阿彩着急了，她装作不小心，胳膊用力往旁边一推，小龙正在写字的本子上划下了长长的一道墨迹。"对不起，我不是故意的。"阿彩赶紧说，她等着小龙发怒，以便把之前的账都拿来算一算。没想到，小龙却淡淡一笑，说："没关系，你继续写作业吧。"说着，他又往旁边让了一点。

阿彩听了，心里突然有点愧疚："不不，你可以过来一点，我用不了那么多地方……"

人都是以自我为中心的，"严以律己，宽以待人"说起来容易，做起来却很难。在现实生活中，家长要引导孩子从以下几个方面进行努力。

1. 理解别人的独特个性。

每个人的个性都是不同的。宽容，就要接受别人的独特个性，允许别人拥有与自己不同的情感、性格、价值观和做事方式。

人都喜欢和自己个性相似的朋友，孩子也是如此。然而，在现实生活中，我们需要接触许多和自己性格迥异的人。

在群体交流中，有的人喜欢高谈阔论，有的人表现得默默无闻，这实际上是人们不同的表达需求；面对同一件事情，有的人很兴奋，有的人却很悲伤，这可能是他们内心不同的情感经验所导致的；针对某件事物，有的人视如珍宝，有的人弃如草芥，这表明了他们不同的价值取向。

孩子应该学会接受这些不同的个性，并且意识到每一种个性都有其独特的存在价值。

2. 求同存异，允许别人的不同意见。

针对同一件事情，不同的人会进行不同的思考，并产生不同的看法。孩子思维简单，当别人提出了与自己不同的想法时，他们有时会不能接受，这样的态度是非常狭隘的，孩子也会因此失去许多朋友。

求同存异，就是在与人交往时，找出彼此之间的共同点，并保留不同意见。有了"同"，人与人之间才有建立友谊的可能；有了"异"，人才会有各自独特的个性，人际交往才显得更丰富多彩。

3. 懂得原谅，不要把精力放在别人的错误上。

孩子的是非观刚刚建立起来的时候，往往也是最苛刻的时候。这时，孩子总是表现得是非分明、锱铢必较，不肯放过别人的一丁点儿差错。面对这种情况，家长要教孩子懂得，每个人都会犯错，勇于指出别人的错误，这是好的行为，但是我们必须学会宽容，做到不苛责、不执着。人的精力是有限的，如果我们把过多精力放在纠结别人的错误上，就会给自己造成很大的损失。

4. 保持豁达，坦然面对别人带来的伤害。

孩子的世界相对单纯，很多时候，他们受到的伤害并非是别人有意施加的，而是出自于一些误会。在这种情况下，孩子应该先表明自己受伤的事实，例如说："你弄疼我了。"或者"你这样做，我会很难过。"如果对方意识到自己做错了，孩子应该表示原谅："没关系，我知道你不是故意的。"

当孩子学会了宽容，他就拥有了一种力量，这种力量可以化干戈为玉帛。在宽容他人的同时，孩子的内心也得到了升华，他将能够收获更多的朋友，也能从朋友身上分享到更多有益的情感、知识和经验。

名人语录

只有勇敢的人才懂得如何宽容；懦夫决不会宽容，这不是他的本性。

——[英国]文学家 斯特恩

宽容就如同自由，只是一味乞求是得不到的，只有永远保持警惕，才能拥有。

——[中国]诗人 汪国真

一个伟大的人有两颗心：一颗心流血；另一颗心宽容。

——[美国]诗人 纪伯伦

纪伯伦

平等 平等待人是人生的必修课

一般情况下，当人们提到"平等"，内心深处会产生两种不同的诉求：一种是人格、尊严上的平等；另一种是财富、资源上的平等。

这里我们所讲的，是第一种平等，也就是人格平等，它已经被确立为现代社会不可动摇的规则，正是这种规则造就了现代社会的秩序。

英国大作家萧伯纳，有一次在写作间歇和邻居小女孩一起玩耍，送小女孩回家时，萧伯纳对小女孩说："知道我是谁吗？回家告诉你的妈妈，就说今天和你在一起玩的是萧伯纳！"

小女孩天真地回应："好的！那你知道我是谁吗？回家告诉你的妈妈，就说今天和你一起玩的是克里佩斯莱娅！"大文豪不禁愕然。

此后萧伯纳每次对朋友说此事时，就会感慨道："这个七岁的小女孩，给我上了人生中最好的一堂课！一个人不论有多大成就，他在人格上与任何人都是平等的。"

我们要明白"人人生而平等"的道理，承认每个人都有不可被剥夺的尊严，都有同等的理性和良心，都有追求幸福、追求正义、追求自由的权利。

孩子的平等意识的建立，与社会环境息息相关，但更重要的是家庭教育的影响。

那么，家长应该如何教育孩子平等待人呢？

1. 家长以身作则，用平等意识感染孩子。

要培养孩子的平等意识，家长的表率作用非常重要。倘若父母经常在孩子面前区别人群，例如说："他爸爸是当官的，你可别去惹他。""那个人是农村来的，脏兮兮的。""千万不要和成绩差的同学交朋友。"这会让孩子给人贴上高低贵贱的标签，惧怕强者、歧视弱者。

平等意识，意味着认同每个个体存在的特殊价值，因此，家长应该首先做到在他人面前保持自尊，并且尊重周围的每一个人，不管他的身份地位如何。面对权势，不阿谀谄媚，面对贫苦，也不轻蔑疏远，要保持不卑不亢的精神，不伤人之短，不避己之长，做到堂堂正正地与人交往。这样，孩子才能受到家长积极的影响，懂得以平等的姿态面对身边的人。

2. 引导孩子正确认识自己，是教孩子平等待人的前提。

缺乏对自己的正确认识，孩子就容易陷入盲目的自卑或自负情绪中，不是把优越的家庭条件当作炫耀的资本，就是因自己出身的平凡而感到羞耻。一个不能正确看待自己的人，也就无法正确地看待他人。

孩子要学会认识自己在现实中所拥有的一切，知道哪些是父母、家人给予的，哪些是依靠自己的努力得到的。对待别人给予的东西，无论多少，孩子都要学会以感恩的心态接受，不能不知足，更不能拿来炫耀。孩子要明白，只有完全依靠自己的

3. 引导孩子发散思维，客观地对他人进行认识。

在现实生活中，人们崇拜或歧视一些人，往往是因为未能对他人做出全面的认识。唯有建立起全面、客观的评价标准，孩子才能以同

等的标准评价身边的人，这无疑是平等待人的重要原则之一。

孩子要知道，全面地看待一个人，就要既看到他的长处，也看到他的短处；既不盲目崇拜，也不盲目批评。

4. 教孩子以平等的姿态与他人沟通。

以平等的姿态与人沟通，不仅体现着一个人的自尊，也体现着对他人的尊重。在日常生活中，孩子要懂得以平等的姿态面对不同身份的人，无论是家长、老师、同学还是陌生人。例如，听别人说话时，要保持耐心，不能随意打断；提出意见时，要考虑他人的感受；需要别人帮助时，要使用请求的语气，而不是命令的语气……每个人的知识、阅历不同，但每个人的思想都有值得尊敬的内容，要挖掘这些有价值的内容，我们首先要学会与人进行平等而深入的沟通。

"所谓友情，是平等的人们之间离开了利益关系的交易。"英国著名诗人哥尔斯密曾经这样说。虽然在现实中，真正的平等依然只能作为一种理想而存在，但是，若没有对平等的渴望，人与人之间的交往也就毫无真诚可言。每个人都是平等的，一个缺乏平等意识的人，可能会拥有一群功利性的朋友，却无法领会精神交流的奥秘，也不会拥有任何深刻的思想。

名人语录

对一个有优越才能的人来说，懂得平等待人，是最伟大、最正直的品质。

——[英国]文学家　理查德·斯蒂尔

我们认为这是不言而喻的真理，一切人生来都是平等的。

——[美国]第三任总统　托马斯·杰弗逊

我们平等地相爱，因为我们互相了解、互相尊重。

——[俄罗斯]作家　列夫·托尔斯泰

托马斯·杰弗逊

尊重 想赢得他人的尊重，首先要尊重他人

尊重，是一种文明、优雅的处世态度，也是所有健康人际关系的起点。

亚里士多德就曾教育他的门徒：你要别人怎么对待你，你就得先怎样对待别人；孔子也曾教导他的弟子：己所不欲，勿施于人。渴望受人喜爱、受人尊重，这是人类内心的需求。自尊感强烈的人，理应懂得尊重他人；不尊重他人的人，也没有资格得到他人的尊重。

某纽约商人带着自己的孩子走在路上，看到一个衣衫褴褛的铅笔推销员，出于怜悯，他塞给那个人一元钱，便带着孩子转身离去了。

过了几分钟，商人的孩子微笑着跑了回来，从卖笔人那里取出几支铅笔，并抱歉地说："对不起，我爸爸刚才忘记拿笔了。"临走时，孩子还说了一句："您跟我爸爸一样，你们都是商人。"

几个月后，商人和卖笔人再次相遇，那位卖笔人已成为一个事业稍有起色的推销商，他深深地感谢了纽约商人，说："是你的孩子让我记起来，我是个商人。"

孩子的天性里没有轻蔑。他们天生富有同情心，懂得照顾别人的感受。然而，在现实生活中，许多父母总是无条件地纵容孩子，很少给孩子灌输关于爱和尊重的教育。孩子慢慢长大，自以为是天之骄子，与众不同，不但难以正确地认识自己，更缺乏尊重他人之心。

那么，我们应该怎样教导孩子懂得尊重呢？

1. 记住他人的名字，是表明尊重的第一步。

没有任何语言能比亲切地叫出对方的名字更加打动人心。家长可以教孩子尽量记住初次见面的人的名字，并且在第二次见面的时候，不假思索地叫出来。这个细微的举动，会让对方觉得自己是被重视的。

不仅如此，孩子还要知道，别人的名字是不能拿来取笑的，任何带有嘲讽意味的绰号、贬称，都代表着对他人的不尊重。

2. 讲究必要的礼仪，对陌生人也是如此。

礼仪不仅能体现一个人的修养和品格，还能表现出对他人的尊重，赢得别人的好感。

家长要教孩子学会必要的社交礼仪，例如，见面要问好，和人讲话时看着对方的眼睛，语气要温和、平缓，别人提出问题要及时耐心地作答，不随意打扰别人，在进入他人的房间时要先征求同意，伤害了别人要道歉，受到帮助要说"谢谢"，等等。

在应用这些礼仪时，孩子应学会一视同仁，无论对大人还是对孩子，无论对亲密的人还是陌生人，无论对方是什么身份，都要同等对待。

3. 与人相约要严谨守时，一诺千金。

要表现对别人的尊重，孩子必须学会严格履行约定。

在生活中，凡是答应别人的事情，无论大小，一定要做到。如果计划有变，则要尽量提前告知对方，让对方有所准备。如果碰上突发状况，实在没有办法完成约定，那么要真诚地为自己的爽约而道歉。

时间对每个人来说都是非常珍贵的。要知道，浪费他人的时间，也就是浪费他人的生命。

4. 欣赏他人的努力，珍惜他人的劳动成果。

在现实生活中，有许多孩子被家长溺爱过头，丝毫不懂得珍惜他人的劳动成果。别人花费时间、精力做出的东西，孩子若觉得不好，便一味否定，甚至破坏别人的劳动成果。这样的做法不仅是对他人的不尊重，也是没有教养、缺乏素质的表现。

尊重他人，就要欣赏他人的努力，欣赏别人为某件事情付出的精力和热情。在日常生活中，家长可以适当让孩子参与一些劳动，当他体会到劳动的辛苦时，便会尊重其他人的劳动成果。

5. 照顾他人的尊严，不伤害他人的自尊心。

尊重他人，意味着满足他人的自尊需求，不随意诋毁、侮辱别人，不歧视别人的弱点，不嘲笑别人的错误，不贬低他人存在的价值，不揭露别人的隐私等。

一个人的自尊心若受到伤害，常常是无法弥补的。因此，家长要教孩子在必要的时候，懂得帮助他人掩饰一些"弊端"，保全他人的"面子"。

6. 教孩子一个最简单的道理：己所不欲，勿施于人。

在与人交往的过程中，总是会出现各种复杂的问题，面对这些问题，最简单、最合理的处理方法就是：己所不欲，勿施于人。

家长要将这个方法教给孩子，让他们学会换位思考，然后推己及人，用自己渴望接受的方式去对待别人。

美国心理学家威廉·詹姆士说过："潜藏在人们内心深处的最深层次的动力，是想被人承认、想受人尊重的欲望。"尊重，是我们用自己内心的力量召唤出的天使。一个从心底里懂得尊重别人的人，必将获得他人的尊重和喜爱。

名人语录

要尊重每一个人，不论他是何等的卑微与可笑。要记住，活在每个人身上的是和你我相同的性灵。

——[德国]哲学家　叔本华

对别人的意见要表示尊重，千万别说"你错了"。

——[美国]心理学家　卡耐基

尊重生命，尊重他人，也尊重自己的生命，是生命进程中的伴随物，也是心理健康的一个条件。

——[美国] 心理学家　艾瑞克·弗洛姆

卡耐基

主见 不盲从，不沉溺于小团体

在现实生活中，孩子的身边常常会出现一些"小团体"，这些团体往往以某个孩子为领导，集体开展活动，并拒绝与团体之外的人进行交往。他们拥有某些共同的乐趣，某种共同的价值观，某项共同的利益，甚至某个共同的"敌人"。在这类"小团体"中，如果有哪个成员特立独行，他就会被团体排斥或孤立。为了避免被孤立，许多孩子会选择绝对的顺从，慢慢地就会失掉自己的主见。

可是，孩子需要团体，这是他们学习适应未来社会所必需的经历。

凯丽的班上，有一个农村来的女孩，这个女孩学习成绩优异，但在班里却没有朋友，只有凯丽对她还算友好。但是最近，其他的女生已经给了凯丽"善意"的提醒，说如果她再和农村人一起聊天，她们就不把她当好姐妹了。但凯丽似乎没有理会那些女生的"提醒"，反而和那个女孩走得更近了。

妈妈问女儿为什么这样做，凯丽回答："她们排斥她，一是因为她从农村来，家里没有钱；二是因为她成绩好，让她们嫉妒。但她其实又善良又聪明，我跟她做朋友，这并没有错。"

听了女儿的话，妈妈很欣慰，又问："那你不怕自己被孤立吗？"

"我相信我们都很优秀。"凯丽果断地答道，"而且我们对她们一直很友好。如果孤立我们，那只能是她们的损失。"

主见，就是一个人经由自主思考，对事物产生的确定的意见或见解。在与人交往时，我们的大脑难免会被别人的思想左右。然而，一个人只要知道自己想要什么，知道怎样达到自己的目标，只要能坚守自己的原则，他就不会在团体中迷失自我。

那么，家长应该怎样培养一个有主见的孩子呢？

1. 培养孩子独立思考的能力，增强主见意识。

一个有主见的人，必定是一个能够独立思考的人。在家庭教育中，家长应该培养孩子独立思考、自主解决问题的能力。

遇事有疑问时，家长应用启发式的话语，引导孩子进行独立思考，不要把答案强加给孩子；讨论一些简单的问题时，家长可以故意说出错的答案，引导孩子对其进行否定，培养孩子的怀疑精神；孩子阐述自己的不同意见时，家长应表示尊重，并给予赞赏；面对复杂问题，家长应引导孩子进行发散性思考，从不同的角度进行分析、提出解决问题的方案。

在日常生活中，孩子自己的事情，家长应该尽量放手，让他们自己做主，并且为自己的选择承担责任。家里的事情，家长也可以给孩子参与决策的机会，让他们体会到自己意见的重要性，增强孩子的主见意识。

2. 引导孩子进行严格的自我要求，贯彻自己的想法。

孩子要学会对自己严格要求，学会坚持自己的价值观、原则和立场。只有这样，孩子才能以完善自己为最终目标，在团体中保持独立性。

在现实生活中，有些孩子明知

道是错的事情，但看到别人在做，自己也会跟风。面对这种情况，家长要及时纠正，要让孩子知道，"多数人"的选择并不代表就是对的，要学会坚持自我，用正确的行为标准严格要求自己。

3. 不迷信权威，学会拒绝不合理的要求。

要让孩子有主见，就必须破除孩子对权威的迷信。因此，家长要教孩子勇于说"不"，表达自己的反对意见。

对于家长提出的要求，如果孩子不愿接受，家长要给他们反对的机会，让他们讲出自己的理由。倘若孩子理由充分，家长应放弃或改变之前提出的要求；在学校里，面对老师和团体"领导"提出的不合理要求，孩子同样要敢于说"不"。孩子要知道，权威的要求不一定合理，权威的看法不一定正确，凡事都有再次商讨的余地。

同时，要让孩子学会调整自己的态度和行为，选择以不同的方法提出意见，或者暂时保留意见。

4. 引导孩子明辨是非，与"小团体"保持距离。

一个独立而有主见的人，会主动和任何"小团体"保持距离，以免介入太深、深受其害。

面对校园里、校园外的许多"小团体"，家长要教孩子学会"冷眼旁观"，看清"小团体"的本质，在明辨是非的基础上做出选择，规范自己的行为，合理介入团体活动。

社会是个大染缸，缺乏主见的后果是难以估量的。德国有一句著名的谚语："当心！不要使你的脑子做了他人的跑马场。"说的就是这个道理。

一个有主见、敢于坚持主见的人，即便他的见解不一定完全正确，也有理由获得别人的尊重。孩子明白了这个道理，他就不会在与人交往的过程中迷失自己，更不会成为他人思想的傀儡。

名人语录

什么事都自己动脑筋的人，是最值得称道的。

——[古希腊]诗人　赫西奥德

只要你一息尚存，就不要让任何人牵着你的鼻子走。凡事自己做主，不让任何事情玷污自己的名誉，要坚持到生命的最后一息。

——《圣经后典·便西拉智训》

要独立思考问题，不要人云亦云。

——[美国] 思想家　爱默生

爱默生

用自我的力量感染他人

我们常常会遇到这样三种人：一种人自卑，举止卑怯，似乎总是试图隐藏什么，唯唯诺诺，无法顺利地表达自己的观点；一种人自负，表现得极度自信，但那种自信缺乏力量，似乎刻意博取信任，并不十分真诚；当然，还有另一种人，在交流中，你能明显感觉到对方身上散发出亲切的光芒，谈吐举止之间流露着明朗、清晰的气质，具有强烈的感染力，这才是真正自信的人。

与一个自信的人打交道，可以收获良多。自信的人，往往善于用自我的力量感染他人。他说的话，别人会认真听；他做的决定，别人会愿意支持；他提的意见，别人也更乐于接受。

竞选总统前夕，林肯在参议院发表演说时，遭到了一个参议员的羞辱。那位参议员说："林肯先生，在你开始演讲之前，我希望你记住自己是个鞋匠的儿子。"

人群中响起了嘲笑的声音，林肯镇定地答道："我非常感谢你使我记起了我的父亲，他已经过世了。我一定记住你的忠告，我知道我做总统永远无法像我父亲做鞋匠做得那样好。"

参议院陷入了一片沉默。

林肯转过头来对那个傲慢的议员说："据我所知，我的父亲以前也为你的家人做过鞋子，如果你的鞋子不合脚，我可以帮你改正它。虽然我不是伟大的鞋匠，但我从小就跟我的父亲学会了做鞋子的技术。"然后，他又对所有的参议员说："对参议院的任何人都一样，如果你们穿的那双鞋是我父亲做的，而它们需要修理或改善，我一定尽可能帮忙。但有一点可以肯定，我父亲的手艺是无人能比的。"

说到这里，台下所有的嘲笑都化作了真诚的掌声。

一个人自信的形成，绝大部分依赖于他在成长过程中接受的教育。

1. 不过分谦虚，勇于表现自己。

谦虚的姿态可以显示出一个人的心胸和修养，但是，没有必要教孩子过分地谦虚。

孩子要学会认识自己的优势，运用自己的知识、经验，把握机会，表现自己。如果为了表示谦虚而拒绝发挥自己的长处，或者一味推崇别人，把机会让给别人，自己的才华就得不到展现，也难以获得他人的重视和欣赏。

2. 全面评价自己，不回避自己的缺点。

一个真正自信的人，能够全面、正确地看待自己，能认识到自己的优点和缺点，并且能坦然面对自己的缺点。

要让孩子明白，每个人都有缺点，一个人不应该害怕被别人看到自己的缺点。在与人交流时，可以说"我做事容易粗心，希望你以后多批评"等，孩子要知道，一个看得见自己的缺点，并且能够努力改正的人，才更容易获得别人的信任。

3. 懂得赞扬别人，体现自信与风度。

人们都喜欢听到夸奖，如果夸奖是来自一个非常优秀、非常自信的人，那么夸奖的效果就会加倍。对于美好品质的认可，是一个优秀的人应该具备的素养。任何一个自信的人，都不会吝惜对别人的赞扬。

孩子往往从三四岁的时候起，就学会了自我炫耀，但至少要到六七岁，才能学会发自内心地对别人表示赞赏。在这个过程中，家长的引导至关重要。家长要教孩子学会看到别人的优点，看到别人比自己优秀的地方。同时，赞扬一定要有根据，要合情合理。曲意逢迎的赞扬并不能俘获人心。

4. 掌握大方得体的表达方式，用自我的力量感染他人。

一个人说话的语气、语速，脸上的表情，细微的举止，都深深影响着别人的情绪与看法。

家长要教育孩子，与人交谈时，要平静地看着对方的眼睛，不要躲躲闪闪；说话时，口齿要清晰，语速要平稳，语句要完整，不要吞吞吐吐；回答别人的问题，要集中注意力，抓住问题的重点，条理分明，逻辑清晰；与人面对面交流，要表示耐心和尊重，不要做小动作，例如抓耳挠腮、无意识地抖腿，不要过于频繁地变换姿势；谈话时，表情要与话题统一，该放松的时候要放松，该严肃的时候要严肃，不要故作随意，也不要假装认真；对于不确定的问题，要给自己留下足够的思考时间，不需要立即接上别人的话茬，可以说："这个问题，我需要考虑一下。"

自信，并不意味着一个人已经足够优秀，而是意味着他对优秀的渴望与追求。这种追求会转化为一种正能量，产生进一步完善自己的欲望，当这种自信的能量被传递出去，我们的社会也会变得更加美好。

名人语录

有信心的人，可以化渺小为伟大，化平庸为神奇。

——[爱尔兰]作家　萧伯纳

除了人格以外，人生最大的损失，莫过于失掉自信心了。

——[英国]文学家　培尔辛

要有自信，然后全力以赴——假如具有这种观念，任何事情十之八九都能成功。

——[美国]第 28 任总统　威尔逊

威尔逊

幽默 与人沟通的巧妙智慧

在人际交往中，幽默起着举足轻重的作用。一个幽默、风趣的人，往往比一个冷峻、严肃的人更容易受到大家的欢迎。幽默也是一种人生的智慧。俄国文学家契诃夫说过："不懂得开玩笑的人，是没有希望的人。"在人生之路上，幽默可以淡化人的消极情绪，排解沮丧与痛苦，舒缓紧张气氛，更能给自己和他人带来喜悦和希望。

在柯立芝总统任期快要结束时，他发表了声明："我不打算再干这个行当了。"记者们觉得话里有话，于是追问："请您解释为什么不想再当总统了。"

柯立芝把一位记者拉到一边，对他说："因为没有升迁的机会。"

幽默感是孩子情商的重要组成元素。具有幽默感的孩子大多活泼开朗，惹人喜欢，他们常常拥有很多朋友，很少与人闹矛盾。幽默还能帮助孩子以愉快的心态面对学习、面对生活中的压力和挫折。

幽默也是一种能力，它并非与生俱来，可以经过后天的学习、训练掌握。那么，怎样才能培养出一个有幽默感的孩子呢？

1. 营造幽默的家庭氛围，感染孩子。

让孩子在有幽默感的环境中成长，是培养孩子幽默感的最佳方法。家庭生活中遇到的一切问题，家长都可以灵活运用幽默的方法来处理。如孩子玩儿玩具不肯睡觉,家长可以说:"玩具们都玩儿了一天了,让它们回去睡觉吧,不然明天起不来。"而且,有了幽默的介入,批评也可以变得生动、有趣,孩子会更加愉快地接受家长的指导。

2. 训练孩子的想象力和语言表达能力,增强幽默感。

丰富的词汇和想象力有助于幽默的表达。家长平时可以多给孩子讲讲童话故事、机智故事、脑筋急转弯,等等,训练孩子思维的敏捷性,丰富他们的语言储备。

家长也可以经常与孩子进行想象力游戏,例如编一个故事,或者进行巧妙的比喻联想。看到某个事物,家长可以问孩子:"它看起来像什么?"孩子会天马行空说出很多答案,家长不要对那些不切实际的想象进行否定,而是应该接受孩子的奇特比喻,并且在孩子觉得可笑的时候,用语言或表情强化他们的幽默感受。

3. 培养孩子自信的品质,教孩子学会自嘲。

有幽默感的人非常善于自嘲,这种自嘲实际上是建立在自信的基础之上。自嘲是一种处世智慧,可以让人顺利从尴尬中脱身。

4. 借助电影、书本中的幽默作品,让孩子懂得幽默。

多欣赏幽默作品,可以增强孩子对幽默的领悟能力,也能让孩子掌握更多表达幽默的方法。家长可以和孩子一起看喜剧电影,可以给他们阅读幽默故事等。

日本政治家大平正芳曾经说过:"某种轻巧的幽默就可以使气氛为之改观,使陷于僵局的悬案豁然解决。"幽默感,已经被当作人格魅力的重要组成部分。有了幽默感,人们就掌握了与人沟通的巧妙智慧,可以在轻松、融洽的气氛中交流思想,可以巧妙地道出事实的真相,高明地化解各种矛盾。一个有幽默感的人,从来不会在与人交往时陷入僵局,也从来不会缺少朋友,这就是我们培养孩子幽默感的意义。

幽默和风趣是智慧的闪现。

——[英国]文学家　莎士比亚

有许多真实的话都是在笑话中讲出来的。

——[英国]作家　乔纳森·斯威夫特

我相信幽默感也是魅力的一个组成部分。有了幽默感，人们可以在一种非常融洽的气氛中彼此交流思想和看法。缺乏幽默感，生活就变得非常单调和枯燥。

——[意大利]演员　索菲亚·罗兰

乔纳森·斯威夫特

守信 一言九鼎，一诺千金

守信是有责任感的表现，一个说到做到的人，是一个能够对自己的言行负责的人。一个守信的人，能够获得别人的信任和尊重。法国作家巴尔扎克曾经说过："守卫你的诺言，就像保卫你的荣誉。"一个人做出的承诺，如果不能践行，也就等于失去了荣誉。

随着社会经济的发展，契约精神已经成为现代文明的主流精神，无论身处什么地位、从事什么行业，唯有秉持严谨的契约精神，才能在人群中获得信誉。

一个星期天，宋庆龄一家用过早餐，准备到一位朋友家做客。

小庆龄听到这个消息后，高兴得跳了起来。她最喜欢到这位叔叔家去了，叔叔家养的鸽子漂亮极了，叔叔还说准备送她一只。

她跟着爸爸妈妈走出门，突然想起今天上午好朋友小珍要来跟她学叠花篮，于是停住了脚步。

父亲见小庆龄站在那里不动，就问："庆龄，你怎么了，不想去看鸽子了吗？"

女儿说出了原委，父亲说："没关系，明天你到小珍家里教她。"

"不行，我们已经约好了。我走了，会让她失望的。"小庆龄为难地说。

"小珍不会怪你的，明天见到小珍，解释一下就行了。"

可是小庆龄仍然站在那儿不动："如果我忘记了，明天见到她，还可以道歉；可是现在我已经想起来了，如果再离开，那就是不守信用。"

父亲听了女儿的话，心里很高兴，他对其他的孩子说："庆龄做得对，你们都应该向她学习，做个讲信用的孩子。"

一个人如果习惯了轻易许诺、言而无信，便很难改正。他的承诺会逐渐失去分量，无法得到大家真正的信任，更难以和别人建立良好的合作关系。因此，从小培养孩子守信的品质是很有必要的。孩子的自我约束能力不强，思维发展也不健全，教孩子做到信守承诺，并没有想象中的那么容易。在这个过程中，家长需要保持理性。

1. 发挥父母的榜样作用，教育孩子要信守承诺。

许多家长发现，自己给孩子许下的诺言，有很多都没有兑现，或者干脆无法兑现。例如，当孩子提出问题时，正在忙碌的家长搪塞说："晚一会儿我来和你讲。"还有时候，家长和孩子约定，这次考试考好了，"什么愿望都满足你"，可是当孩子真的考好了，提出了一个不切实际的愿望，家长却只能笑道："这个不行。"父母如果经常这样言行不一，不仅会失去孩子的信任，也会使孩子养成不守信用的坏习惯。

2. 一诺千金，教孩子掌握科学的承诺方法。

承诺是有方法的，掌握了科学的承诺方法，我们就可以避免许多"言而无信"的状况发生。家长要将这些方法教给孩子，并监督他们在与人交往时，运用这些技巧去许诺和兑现。

（1）不轻易做出承诺。信守承诺的前提，是不轻易做出承诺。孩子要经过理性思考，彻底理解承诺所要求的责任和义务，之后才能选择是否答应。

（2）对事情进行全面思考，承诺需留有余地。当孩子决定做出某项承诺，他要学会考虑：事情会不会出现差错？会不会突然有什么变故导致不

能履约？在真正做出承诺时，孩子要学会留有余地，不要总是把事情说死。

（3）事情出现变动，要尽早告知对方。当孩子对别人做出了承诺，事情却突然有变化，应该避免拖延，尽早告知对方，让对方做出合理的安排，不能忽略别人的等待。

（4）违背承诺后，重建互信关系。有时候，我们做出的承诺实在无法兑现。这时，家长要教孩子认识到自己的问题，并主动给对方道歉。

"对人以诚信，人不欺我；对事以诚信，事无不成。"冯玉祥将军曾经这样说。唯有做到一言九鼎、一诺千金，不失信于人的人，才称得上是一个真正自由、负责的人。这样的人，不仅能够赢得朋友的尊重和信赖，也更容易取得事业的成功。

名人语录

守诺言就像保卫你的荣誉一样。

——[法]小说家　巴尔扎克

信用就像一面镜子，只要有了裂缝就不能像原来那样连成一片。

——[瑞士]思想家　阿米尔

信用既是无形的力量，也是无形的财富。

——[日本]企业家　松下幸之助

巴尔扎克

助人 锦上添花，不如雪中送炭

在人生旅途上，每个人都会遇到困难，在困境中，人们最需要的是别人给予的帮助。热心帮助别人的人，往往也会得到别人的信任和帮助。

有一个人在漆黑的夜晚走路，模模糊糊地看到街道上有一个盲人，一手拿着一根竹竿小心翼翼地探路，另一只手提着一只灯笼。这个人很好奇，上前问道："您自己看不见，为什么还要提个灯笼？"

盲人停下来，缓缓地答道："这个问题不止一个人问我了，其实道理很简单，我提灯笼并不是为自己照路，而是让别人看到路，不会误撞到我，这样就可保护自己的安全。而且，这么多年来，由于我的灯笼为别人带来光亮，人们也常常热情地搀扶我，引领我走过一个又一个沟坎，使我免受许多危险。你看，我这不是既帮助了别人，也帮助了自己吗？"

这个人听了，自觉受益匪浅，他说："那么请让我借用您的灯光，也让我扶您走过下一段路吧！"

高尔基曾经说过："如果你在任何时候、任何地方，你一生中留给人们的都是些美好的东西——鲜花、思想以及对你的非常美好的回忆——那你的生活将会轻松而愉快。"关心他人、竭尽全力地为他人付出，会使人变得慷慨；关心别人的痛苦和不幸，设法减轻或消除别人的痛苦，会使人变得高尚；时常为他人着想，理解他人的内心，也会丰富自己的生活，增加自己的涵养。

总之，帮助别人，就是帮助我们自己。因此，培养孩子乐于助人的品质，对孩子未来的人生有着不可估量的意义。那么，父母怎样培养孩子乐于助人的良好品德呢？

1. 珍视孩子的热情，给孩子提供助人的机会。

在孩子的内心深处，需要认同自己是家庭、社会中有价值的一员。帮助别人，可以让孩子感到自己被需要，从而获得强烈的内心满足。因此，家长应珍视孩子自发产生的助人的热情，尽可能给孩子关心和帮助他人的机会。

家长要让孩子知道，在这个世界上，有许多人依然过着艰难的生活，他们非常需要别人的帮助。在路边遇到乞丐或者卖艺的人，家长应鼓励孩子主动给予适量的帮助。家长还可以带领孩子把家里的旧玩具、旧衣服、旧书收集起来，捐献给贫困地区的人们。此外，家长还可以在周末带孩子一起去做志愿工作，例如到福利院、孤儿院做义工等。

2. 培养孩子"移情"能力，激发助人的愿望。

家长应该经常引导孩子进行"移情"式的思考，让孩子学着体会别人的心情，使他们学会理解别人，并进一步产生帮助别人的愿望。

学习这种能力，对孩子的人际交往很有帮助。当朋友遇到了麻烦，孩子可以想象，如果自己遇到了同样的麻烦该怎么办。通过这样的联想，孩子不仅能主动真诚地安慰朋友，也能设身处地为朋友提出一些宝贵的建议。

3. 合理助人，与他人保持恰当的距离。

人们在帮助他人时，内心往往涌动着一股热情，在热情的激励下，有时会使用不恰当的方法，这样不仅没有达到帮助他人的目的，有时还会对别人造成一些伤害。

家长应该告诉孩子，处于困境中的人，往往对外界的刺激更加敏感，自尊心也更强。因此，我们在施予帮助时，应当与他人保持足够的距离，留有余地，不要强迫他人接受自己的帮助，也不要以为自己一定会获得感激。

4. 锦上添花，不如雪中送炭。

家长要教孩子懂得，人生中真正的朋友，不一定会锦上添花，但一定会雪中送炭。我们要在别人最需要的时候给予帮助，并且不图得到任何回报，才会获得他人最大的信任。

帮助别人能够得到精神上的满足。孩子要懂得这个道理，真诚地为他人付出，自己也会收获更多的真诚与帮助。

名人语录

你要记住，永远要愉快地多给别人，少从别人那里拿取。

——[苏联]文学家　高尔基

世界上能为别人减轻负担的，都不是庸庸碌碌之徒。

——[英国]作家　狄更斯

我们靠所得来谋生，但靠给予来创造生活。

——[英国]政治家　温斯顿·丘吉尔

狄更斯

乐观 以乐观的心态去拓展自己和身外的世界

乐观，一般用来形容某种性格倾向，形容一个人善于发现事物美好的一面。它也被用来描述一种心理状态，指人们在做事遇到困难时，不沮丧、不消沉，而是精神愉快、充满信心地去期待更好的结果。

美国著名心理学家马丁塞利格曼认为，乐观是一种"迷人"的性格特征。他经过长期的研究及跟踪调查发现，乐观对一个人的成长起着积极的作用，主要表现在：乐观能使人对生活中的许多困难产生免疫力；乐观能使人的身体更加健康；乐观的人更容易与周围的人友好相处；乐观的人更容易获得家庭的幸福和事业的成功。

乐观是一种强烈的正能量。现实生活中，与乐观者打交道，你会发现他从不怨天尤人，而且总是能发现事情有利的一面，给别人带来美好和憧憬。

一位父亲想给自己的两个儿子做性格改造，因为其中一个孩子过分乐观，而另一个则过分悲观。一天上午，他买了许多精致有趣的新玩具给悲观的孩子，又把乐观的孩子送进了一间堆满马粪的车房里。

傍晚，父亲看到悲观的孩子正独自一人泣不成声，便问："你怎么了？为什么不玩那些玩具呢？"

"玩了就会坏的。"孩子仍在哭泣，"而且没人和我一起玩，这些玩具都不好玩了。"

父亲叹了口气，走进车房，却发现那乐观的孩子正兴高采烈地在马粪里掏着什么，周围还有几个不知从哪里跑来的小伙伴，也在他的指挥下，兴奋地掏着马粪。

"告诉您，爸爸。"看到父亲来了，那孩子得意洋洋地说道，"我想马粪堆里一定还藏着一匹小马呢！我正带领大家把它挖出来！"

在现实生活中，有些人天生比较乐观，有些人则相反。但心理研究发现，乐观心态是可以培养出来的。

那么，家长应该怎样培养一个乐观的孩子呢？

1. 接受自己和他人的不完美，是保持乐观心态的基础。

要在与人交往时传递乐观心态，孩子就要学会接受自己和他人的不完美。

首先，不要想着在别人面前做完美的自己。孩子要知道，完美的人不一定就会让人喜欢，因此不要刻意掩饰自己的缺点。要在他人面前表现出真实的自己，让别人觉得可以信任，才能与人建立真诚的友谊。其次，不要以完美的标准要求别人。家长要教孩子懂得宽容，原谅别人的错误。在与人交往时，轻松地面对自己和对方身上的缺陷，善于以微笑和幽默化解尴尬，这会让他人感觉到非常轻松。

2. 教孩子学会倾听，帮助别人解决问题。

生活中，每个人都会遇到一些难以解决的问题。在困难和挫折面前，

人们常常需要向朋友倾诉。因此，家长要教孩子学会倾听，倾听朋友的需要，倾听别人的痛苦，并提出合理的建议。

当别人遭遇了困境，孩子最好不要感叹"还好没发生在我身上"或者"你怎么把事情搞成这样"，更不要诱导别人逃避问题。接受现实是走向乐观的第一步，孩子要知道，事情已经发生了，必须想办法面对、解决。此时，应该尽量找到事情积极的方面，并以此来安慰朋友，也可以帮助朋友分析受挫原因，从中吸取教训。

3. 警惕负面评论，在人生路上满怀希望。

在现实生活中，无休止的抱怨，会让人渐渐丧失对外界的信任，从而失去安全感，而没有安全感的人是不会快乐的。因此，家长应教育孩子多看到事物内部蕴藏的光明和希望，即便知道事物有缺陷，也不要总把怨言挂在嘴边。无论对人、对事、对环境，都是如此。

"既然太阳上也有黑点，人世间的事情就更不可能没有缺陷。"俄罗斯文学家车尔尼雪夫斯基曾经这样说。人生的道路上难免出现沮丧与失落，如果在与人交往时传递出乐观的心态，就像把乐观的种子撒向田野，会长出更多的希望。

　　人生的道路都是由心来描绘的。所以,无论自己处于多么严酷的境遇之中，心头都不应为悲观的思想所萦绕。

　　　　　　　　　　　　——[日本]企业家　稻盛和夫

　　永远以积极乐观的心态去拓展自己和身外的世界。

　　　　　　——[中国]金利来集团董事局主席　曾宪梓

　　开朗的性格不仅可以使自己经常保持心情的愉快，而且可以感染你周围的人们，使他们也觉得人生充满了和谐与光明。

　　　　　　　　　　——[中国香港]演员　罗兰

稻盛和夫

第七章

成长路上，积蓄成功的力量

成长是一个蜕变的过程，倘若孩子能在成长过程中形成一些积极的品质，这些品质就会转换为"正能量"，为孩子未来的成功积蓄力量。

洞察力 由一滴水可以推论出一片大西洋

洞察力是智力的重要组成部分，也是每个人都拥有的认知能力。从某种意义上讲，它是我们平常所说的观察能力和分析、判断能力的综合体。在心理学研究领域，它也被认为是创造力、想象力、策略能力以及意志力、注意力的心理基础。

通俗地讲，良好的洞察力要求一个人能透过现象看本质，分析事物"可见"背后"不可见"的规律、逻辑、动机。拥有洞察力的人会对事物产生纯粹、清晰的认识，并能进一步练就出色的辨别本领和创新本领。

洞察力并不是孩子与生俱来的能力，而是需要后天培养的，它依赖于一个人在学习、生活中所取得的认知和经验。具有洞察力的人，在面对复杂问题的时候，不需要经过漫长的思考和推理，就能迅速地抓住问题的关键，找出解决的办法，它将给孩子未来的生活、学习、人际交往、事业发展带来非常大的帮助。

王戎是西晋名士，"竹林七贤"之一。他幼年时就很聪明，喜欢观察和思考。有一次，王戎和一群小伙伴到郊外游玩，他们走得口干舌燥，突然看到路边有一棵高大的李子树，小伙伴们都争先恐后向前奔去。

小伙伴们来到树下，各显其能，有的爬上树摘李子，有的用石块打枝头的李子，只有王戎一个人坐在路边休息，小伙伴们很奇怪，就问他："你不想吃李子吗？"王戎微笑着说："我当然想吃了，但是这棵树结的李子是苦的。"大家都不相信他的话。费了很大力气，终于有人摘下了一个李子，他高兴地咬了一大口，连忙吐出，"哇，这么苦啊！"

大家都很奇怪，围着王戎问："你怎么知道这棵树上的李子是苦的呢？"王戎回答说："树长在路边，天天有人从这里经过，如果李子是甜的，早就被人摘光了，而且你们看，这树下有很多被咬了一口的李子，一定是被那些尝过李子的人丢弃的。"小伙伴们这才醒悟，个个都夸王戎聪明。

在现实生活中，洞察力强的孩子总有一些特殊的标志。他们的情绪表达都比一般的孩子平淡；他们总是处于严肃思索的状态；在谈话时，他们喜欢把"我觉得""我认为""我的想法是"之类的口头语挂在嘴边，以证明他们所说的话是自己思考得出的……总的来说，洞察力强的孩子常常呈现出一种"小大人"式的极具深度的睿智感。

培养孩子的洞察能力，是培养一个智慧型孩子的必修课。那么，家长应该如何培养孩子的洞察力呢？

1. 培养孩子的观察力，引导孩子把握事物的细节。

观察力是洞察力的重要组成部分，一个人观察能力的强弱，往往决定了他对事物的认识程度。观察是探索的前提，在探索前没有全面准确的观察，就无法制订合理的探索计划；在探索中少了细致入微的观察，探索也无法顺利进行。

家长要培养孩子的观察力，就要在生活中随时随地引导孩子进行观察，观察要由表及里，而且还可以配合孩子的联想。例如："蚂蚁在往高处搬家，也许是要下雨了。""那个人走路时左腿有点瘸，我想他应该是受了伤。"一件事物总是暗藏着无数个细节，家长要善于引导孩子把握事物的细节。观察越深入、越细微，孩子受到的训练也就越有效。

2. 培养孩子的推理能力，教孩子多问"为什么"。

凡事多问几个为什么，是培养孩子分析能力、推理能力的最好方法。凭借一步步地追问，孩子便能探究到事物的本质，知道影响事情发展的因素有哪些。

在日常生活中，家长要善于用问题引导孩子思考，一切事物都可以拿来当作教育的素材。例如："天上为什么会下雨？""爷爷今天为什么不高兴？""为什么小孩子不能当家做主？""为什么爸爸比妈妈的力气大？"孩子往往会发现，一个问题被解答，往往伴随着另一个问题的产生。在不断提问与解答的过程中，孩子的逻辑思维能力就会得到有效的提高。

3. "读万卷书，行万里路"，加强知识经验储备。

俄国教育家冈察洛夫曾说："把观察和经验和谐地应用到生活上，就是智慧。"优秀的洞察力，需要丰富的知识经验作为基础。"读万卷书，行万里路"是丰富自己阅历、储备现实经验的最佳途径。

孩子能够在阅读中积累知识经验，在阅读中增长人生经验。当孩子在书本中发现疑问，他应该学会用不同的方法寻找答案，建立起阅读的良性循环。

家长也可以经常带孩子出去旅行，开阔他们的眼界，与不同文化环境中的人打交道，让孩子的观察、思考能力都能有所提高。

4. 培养孩子的敏锐知觉，注意事态发展变化。

其实，很多事情在发生变故之前，都是有预兆的，只是少有人留意到而已。良好的洞察力要求一个人具有敏锐的知觉，能够意识到事物发生的细微改变。

家长要让孩子随时留意事情发展的动态，学会预测事情的发展趋势，判断得失，以便在事情出现偏差时，及时做出调整和补救。

缺乏洞察力的人，难以对事情做出正确的决策，也无法控制事态的发展。在人际交往中缺乏敏锐的洞察力，我们就无法辨清敌友，容易使自己落入可怕的陷阱。因此，培养孩子的洞察力具有长远的意义。

名人语录

瞬间的洞察力，其价值有时相当于整个一生的经验。

——[美国]法学家 奥立弗·温德尔·霍尔姆斯

经历一多，便能从前因而知后果，我的预测时时有验，只不过由此一端。

——[中国]作家 鲁迅

为了产生创新思想，你必须具备：必要的知识；不怕失误、不怕犯错误的态度；专心致志和深邃的洞察力。

——[美国]管理学家 斯威尼

奥立弗·温德尔·霍尔姆斯

远见 机会只留给有远见的人

英国作家凯瑟林·罗甘曾经说过："远见告诉我们可能会得到什么东西，远见召唤我们去行动。心中有了一幅宏图，我们就从一个成就走向另一个成就，把身边的物质条件作为跳板，跳向更高、更好的境界。这样，我们就拥有了无可衡量的永恒价值。"

远见，就是指一个人看待事物时所具有的长远的眼光、高明的见识。一个人若想妥善规划自己的人生，需要有远见；要想统筹大局，也需要有远见。

比尔·盖茨早在十七八岁时就有一个梦想，想让天下所有的人都能够用上计算机。他上大二的时候，就已经写出了一篇关于 BASIC 语言的论文。

比尔·盖茨坚信自己的理想能够实现，大学三年级的时候，他毅然从哈佛大学退学，并把全部精力投入他与朋友创建的微软公司中。在计算机将成为每个家庭、每个办公室最重要的工具这一信念的引导下，他们开始为计算机开发软件。盖茨的远见卓识以及他不懈的坚持，成了微软和软件产业成功的关键，并使他在 20 年后，成了全球首富。

培养孩子的远见意识，不是一件容易的事。孩子的头脑中并没有长远的意识。家长可能需要花费大量的智慧和精力，才能让孩子学会为未来做打算。如果孩子从小形成远见意识，他必定会在以后的日子里获益良多。

　　那么，家长应该如何培养孩子的远见意识呢？

　　1. 培养孩子分析现实的能力，合理树立志向。

　　孩子有许多五花八门的理想，其中有很多都不切实际。当孩子说出一个空洞的理想，家长往往觉得孩子天真，不好意思打压他的想法，便在口头上给予肯定。这种敷衍的态度会让孩子感到，理想只是拿来说说的。孩子的梦想应该获得尊重，与此同时，家长要教会孩子辨别理想是否合理，是否能够实现。

　　培养孩子分析现实的能力，不盲目乐观，是合理树立志向的前提。分析现实，既包括分析孩子自身条件的现实，也包括分析客观环境的现实。如果孩子天生乐感不好，或者是色盲，那么他很难成为一名出色的歌手，或者一个成功的画家。孩子选择自己未来的职业，家长要帮助他们分析职业特点和竞争形势，让他们学会斟酌、考量，知道需要付出怎样的努力，才能真正实现自己的志向。

　　2. 培养孩子的得失观，准确判断行为后果。

　　孩子要明白，做任何事情，有得便有失。一个心愿在得到满足的同时，另一个心愿就会被搁置。孩子的思维有限，大部分时候他们只看到

"得"，看不到"失"。因此，家长要培养孩子从小形成得失意识，明确自己在做出选择时会得到什么，失去什么。

如孩子想用零花钱买小食品，家长可以提醒他："如果你把钱零零碎碎地花掉，就不能攒下足够的钱买那个大玩具了。"如果孩子懂得判断自己行为的得失，他就能够自我约束。未来，当孩子下定决心实现某个目标，他也可以排除与目标无关的诱惑，对现实做出更加合理的安排。

3. 增强孩子的使命感，明确实现目标的决心。

有使命感，人生才有动力。一个有使命感的人，能够意识到自己肩负的责任，不会为了眼前利益而放弃长远的目标。家长可以引导孩子多思考几个问题：你的人生使命是什么？你现阶段的目标是什么？什么可以震撼你的心灵？什么让你再累也能打起精神？什么能让你获得最大的满足？

在每个成长阶段，孩子对这些问题给出的答案会不一样。伴随着他的成长，他需要不断地向自己提出这样的问题，以看清自己的改变，明确未来的方向。总有一天，他能够确立一个持之以恒的追求，并为之付出所有的努力。

名人语录

明者远见于未萌，而智者避危于无形。

——[中国]西汉史学家　司马迁

丧失远见的人不是那些没有达到目标的人们，而往往是从目标旁溜过去的人们。

——[法国]作家　拉罗什富科

世界会给那些有目标和远见的人让路。

——[中国] 营销导师　冯两努

拉罗什富科

谦虚 成长的路上要保持谦虚的态度

我们发现，越是成功的人，往往越能够保持谦逊的态度。

谦虚常常是自信的代言。一个懂得谦虚的人，会在别人面前展现出成功的力量，这种力量本身，就足以获得别人的尊敬。

德国伟大的物理学家爱因斯坦接受了普林斯顿大学的聘书，第一天被带去看自己的办公室时，行政助理问他需要什么设备。

他回答："一张桌子、一把椅子、纸和粉笔。哦！对了，还要一个大的纸篓，越大越好，因为这样我才能把我所有的错误丢进去。"

爱因斯坦曾经说过："如果有谁自己标榜为真理和知识的裁判官，他就会被神的笑声所覆盖。即使你已经取得了很大的成功，也决不能自满，千万不要生活在过去的荣耀之中。"

在成长路上保持谦虚的态度，可以帮一个人走向更大的成功，若取得一点儿小成就就骄傲自满，获得别人的一点儿赞赏就感到满足，对自己产生不切实际的评价，进而变得懈怠，失去了实现远大目标的力量，那么他最终将一事无成。

谦虚品质，不是生来就有的，而是在后天的生活、学习中逐渐形成的。

那么，在日常生活中，家长应该怎样培养孩子谦虚的品质呢？

1. 划清自信与骄傲的界限，拒绝狂妄自大。

骄傲与谦虚是一对反义词，但骄傲与自信之间的区别却不那么明显。有时，孩子表现出的是狂妄自大，父母却觉得，这是孩子充满自信的表现。如果不能划清骄傲与自信的界限，家长就难以教孩子真正懂得谦逊。

自信与骄傲最大的区别在于，自信是基于一个人对自己的全面认识而建立起的乐观而积极的自我评价，而骄傲却是一个人在不能全面认识自己的情况下，对自己做出的盲目乐观的评价。一个人若总是放大自己的优点，回避自己的缺陷，那一定是骄傲的表现。家长要及时发现孩子骄傲的倾向并予以纠正。

2. 适当进行挫折教育，为孩子选择更具难度的任务。

对于一个优秀的孩子，家长可以对他们进行适当的挫折教育，让他们意识到自己的不足，避免过度骄傲。这也可以激发孩子的潜力，让他们勇于超越自己。

如果孩子完成学校安排给他的任务时得心应手，家长可以尝试为孩子布置更难的任务，挑战他的极限。当他没能完成任务时，家长要帮助他分析原因，让他看到自己进步的可能。当孩子意识到自己的不足时，他就能够忘记骄傲，把更多心思用来完善自己。

3. 介绍成功者的经验，用榜样的力量引导孩子。

家长应有意识地给孩子介绍一些成功者的经验，告诉他凡是有所作为的人，都是在取得成绩后仍能保持谦虚奋进的人，例如孔子、牛顿、贝多芬，等等，以此告诫孩子，连学识渊博的圣人、伟人都懂得谦虚，那我们还有什么理由骄傲呢？

4. 培养孩子良好的心理素质，虚心面对批评和建议。

批评往往直指一个人的缺点，如果一个人能够虚心接受批评，他就有机会发现自己的不足，并对自己的行为做出改进。因此，家长要培养孩子从小养成良好的心理素质，让孩子敢于接受批评。

5. 开拓孩子的眼界，领悟智慧的博大精深。

如果孩子的眼界足够开阔，他就会看到许许多多比自己强的人，看到许许多多有待自己探索、挖掘的奥秘，自然不会变成"井底之蛙"，陷入自我满足的消极状态。

为了让孩子拥有丰富的见识，家长可以通过带孩子旅行增长孩子的阅历；可以带孩子去图书馆，让他领会知识的博大精深；可以给孩子看许多优秀的电影和纪录片，让他们看到世界的另一面……总之，孩子眼界开阔了，他就自然会认识到自己的微不足道，他就会发自内心地谦虚起来。

俗话说，"活到老，学到老"。知识是无穷无尽的，一个人唯有具备谦虚的品质，才能在一切事物面前甘当"学生"，才能使自己在人生道路上不断进步。

名人语录

思想史上载明，谦虚几乎总是和学者的才能成正比，不谦虚则成反比。

——[俄罗斯]政治思想家　普列汉诺夫

美德往往以谦虚镶边，缺点往往被虚伪所掩盖。

——[法国]作家　拉布吕耶尔

谦虚对于优点犹如图画中的阴影，会使之更加有力，更加突出。

——[英国] 物理学家　牛顿

一知半解的人，多不谦虚；见多识广有本领的人，一定谦虚。

——[中国] 教育家　谢觉哉

谦逊是一种美德的幼芽、蓓蕾，是最宝贵的美德，是一切道德之母；有了这种美德，我们会其乐无穷。

——[西班牙] 小说家　佩雷斯·加尔多斯

牛顿

意志力 百折不回，勇于承受挫折

在我们日常的学习和工作中，意志力主要表现在两个方面：一是坚持不懈地完成一件事情的决心和持之以恒的毅力；二是在逆境中勇于克服困难、百折不回、不言放弃的精神。

意志力是一个人在通往成功的道路上应该具有的最重要的品质。一切成就大事业者，无不是具有坚强意志力的人。它能够帮助人充分发挥自己的才能，实现自己的目标。

小时候，司马光是个贪玩贪睡的孩子，为此他没少受先生的责罚和同伴的嘲笑。在先生的谆谆教诲下，他决心改掉贪睡的坏毛病。

为了逼迫自己早早起床，司马光试了很多办法。例如他故意在睡觉前喝满满一肚子水，几天下来，早上不但没有被憋醒，反而尿了床。最后，司马光用圆木头做了一个"警枕"，每次熟睡中一翻身，头就会滑落在床板上，人自然惊醒。从此，他天天早早地起床读书，坚持不懈，终于成了著名的政治家、史学家，主持编写了《资治通鉴》这一历史巨著。

在现实生活中，由于父母的溺爱，孩子越来越经不住挫折的考验。孩子成绩不好、性格脆弱、能力不强，都与意志力的缺乏有关。

那么，家长应该如何培养孩子良好的意志品质呢？

1. 培养孩子吃苦耐劳的精神，磨炼意志力。

在现实生活中，家长往往对孩子呵护太多，不舍得让孩子吃一点苦，殊不知，过多的呵护会让孩子变得软弱。一个不能吃苦耐劳的人，如何在充满坎坷的人生道路上取得成功呢？

培养孩子吃苦耐劳的精神，可以增强孩子的毅力，锻炼孩子的意志力。在日常生活中，让孩子承担他们应该承担的责任，完成应该完成的任务。例如，学校安排的各项任务，孩子要独立完成，家长不要进行过多的帮助；鼓励孩子进行体育运动，坚持有计划地锻炼身体等。家长还可以给孩子布置一些家务。例如，打扫卫生、洗衣服……通过处理现实生活中的这些琐碎事务，孩子的意志力会得到很大的提升。

2. 别找借口，积极面对一切困难。

对于想要逃避责任的人来说，总是有很多的借口。家长要懂得拒绝孩子的借口，鼓励他积极面对一切困难。

孩子选择做某件事情，遇到挫折不肯坚持，可能会以"我不喜欢了"或者"老师不好"为借口，试图放弃，那么，这时家长应该果断拒绝接受他的理由，告诉他决定好的事情就要坚持到底，不能遇到困难就想放弃。

总之，要让孩子明白，在遇到挫折时，不能先从外界找理由，而是要反省自己，看看自己是否付出了全部的努力，想想自己是不是能做得更好。

3. 锻炼孩子的心理承受力，勇于面对失败。

坚强意志的培养还需要有正确对待成功与失败的良好心态，让他们成功时不骄傲，再接再厉；失败时不气馁，依旧勇往直前。

4. 培养孩子的自控意识，增强自我约束力。

良好的自我约束力是形成坚强意志力的关键。孩子的自控意识一般比较薄弱，因此，家长应该有意识地培养孩子的自控能力，让他学会控制自己的欲望和情绪，克服自身的弱点，专注地完成某项任务。

在日常生活中，家长可以通过训练，教孩子学会自我约束。例如先为孩子设定奖赏，并规定得到奖赏所需完成的任务，要求孩子为此做出努力。家长还可以与孩子制订详细的生活、学习计划，要求他必须按照计划完成。在这个过程中，孩子需要排除外界的干扰和诱惑，他的自我约束力就能够得到有效的提高。

孟子说："天将降大任于斯人也，必先苦其心志，劳其筋骨，饿其体肤，空乏其身，行拂乱其所为也，所以动心忍性，曾益其所不能。"有了坚强的意志，一个人便可以超越自我，取得成功。

名人语录

没有伟大的意志力，就不可能有雄才大略。

——[法国]作家　巴尔扎克

要在这个世界上获得成功，就必须坚持到底；剑至死都不能离手。

——[法国]思想家　伏尔泰

意志是每一个人的精神力量，是要创造或是破坏某种东西的自由的憧憬，是能从无中创造奇迹的创造力。

——[俄罗斯]诗人　莱蒙托夫

滴水穿石，不是因其力量，而是因其坚忍不拔、锲而不舍。

——[美国] 物理学家　拉蒂默

莱蒙托夫

金钱观 帮孩子树立正确的金钱观

金钱观，简单来讲，就是指一个人对于金钱的态度和看法。金钱观和价值观、人生观紧密相连。在商品经济时代，树立正确的金钱观，对一个人人生、事业的顺利发展有着非常重要的帮助。

著名的文学巨作《茶花女》中有一句名言："金钱是好仆人、坏主人。"是做金钱的主人，还是做金钱的奴仆，这反映了两种不同的金钱观。

正确的金钱观，要求人们对金钱做出全面、客观的认识，做金钱的主人。正确的金钱观督促人们通过合乎道德与法律的正当途径挣钱，并且把钱花在有利于全面发展自己、实现人生价值的地方。一个拥有正确金钱观的人，灵魂更纯洁，道德更高尚，人生更有意义，也更容易获得成功。反之，如果一个人甘愿做金钱的奴仆，认为金钱是万能的，或者不能合理地利用金钱实现自己的人生价值，那么即便拥有再多的钱，他也不会幸福。

美国"钢铁大王"卡耐基曾对他的孩子说："金钱不能换来感情。"他说："如果我特别大方，给你们很多钱，那你们可能只记得我的钱，记不住我这个人；如果我特别抠门，可能也得不到你们对我的感情。所以我宁愿多花些时间关心你们，培养我们之间的感情。因为在关爱面前，金钱就显得无能为力了。你们应该牢记，最能打动人心的不是价格，而是情感。"

在日常生活中，孩子不可避免地要与金钱打交道。对于家长来说，如何帮助孩子树立正确的金钱观非常重要。

1. 正确认识金钱，是树立正确金钱观的前提。

家长既不要回避谈论钱的好处，也不要过于夸大钱的影响，这是帮助孩子树立正确金钱观的前提。

家长首先要让孩子知道，金钱是一种工具，是我们生存的条件，但并不是生存的意义。钱可以使人过上更好的生活，可以使人拥有一部分自由，可以让人赢得一些成就，但它并不是万能的。当孩子问"我怎样才能有很多钱"的时候，家长千万不要说："你只管努力上学，钱的事你不用知道。"或者"爸爸妈妈的钱都是你的。"家长应该告诉孩子，钱并不能换来我们想要的所有东西，只有付出才能得到回报。

在日常生活中，家长也要注意自己的言行，不要用错误的价值观影响了孩子金钱观的建立。

2. 提倡简朴的生活方式，培养孩子的经济责任感。

孩子需要知道，优越的生活是爸爸妈妈通过辛苦的努力得来的。在拥有强大的经济能力之前，孩子应该先建立起良好的经济责任感。

在日常生活中，家长不应该对孩子的物质要求有求必应，而是应该满足他们所必需的，并且把大部分的投资用于他们的学习和成长。家长可以带孩子参与家庭必需的购物，而不是以娱乐活动为目的消费。家长不应教孩子把物质水平当作评价一个人成功与否的标准，而是应该引导他们全面评价一个人的物质、思想、道德水平。

3. 培养孩子的理财能力，让孩子了解理性用钱的法则。

培养孩子树立正确的金钱观，家长要让孩子了解金钱运行的法则，教孩子把钱用在对自己有益的事情上，理性规划收支，并对自己的经济过失负责。

孩子理财能力的养成，一般从独立支配自己的零用钱开始。家长可以规定孩子零用钱的数额，让他们完全自主地管理自己的财产。有时，孩子会因为缺少经验，没有计划地花钱，然后寻求家长的支援。例如："我把钱都买玩具了，但我现在需要买一本书。"这时，家长不应该无条件地帮助他，而是应该让他吸取教训，学会看清自己的需要，选择对自己来说最有价值的事情，合理使用金钱。

到了孩子十几岁的时候，家长就可以给孩子一张属于他自己的银行卡，帮助他进一步学习储蓄与投资，完善孩子对于金钱的管理和分配意识。

金钱虽然重要，但这个世界上有许多更重要的东西是金钱买不来的，例如平等、爱、尊重、希望、幸福，等等。一个人不可能只守着钱财过日子，家长要教孩子理解金钱的局限性，鼓励他们去追求人生中更有价值的东西。同时，家长也要教孩子懂得奉献，懂得用金钱去帮助别人。

人需要金钱，更需要爱和希望。一个人只有树立正确的、朴素的金钱观，才能让自己成为金钱的主人，才能把手中的这份资源转化成正能量，合理利用金钱，慷慨地帮助别人，实现更多、更有价值的梦想。

金钱这东西，只要能够一人的生活就行了；若是多了，它会成为遏制人才能的祸害。

——[瑞典]化学家　诺贝尔

金钱好比肥料，如不散入田中，本身并无用处。

——[英国]哲学家　培根

既会花钱，又会赚钱的人，是最幸福的人，因为他享受两种快乐。

——[英国]作家　塞·约翰生

金钱能做很多事，但它不能做一切事。我们应该知道它的领域，并把它限制在那里；当它想进一步发展时，甚至要把它踢回去。

——[苏格兰]评论家　卡莱尔

诺贝尔

合作 三个臭皮匠，顶个诸葛亮

"单个的人是软弱无力的，就像漂流的鲁滨逊一样，只有同别人在一起，他才能完成许多事业。"德国哲学家叔本华曾经这样说过。

合作，是一种社会性行为。当今的社会是一个充满竞争的社会，但也是一个在合作中求生存的社会。竞争固然重要，但合作更不能忽视。缺乏合作意识和团队精神，一个人就难以获得他人的支持，很容易陷入孤立无援的境地，尤其是在从事某项复杂工作的时候，如果不能调动集体的智慧，不依助大家的力量，人们会因经验有限、精力不足或者考虑不周全而遭遇失败。

从前，有两个饥饿的人得到了一位长者的恩赐：一根鱼竿和一篓鲜活的鱼。一个人拿了一篓鱼，另一个人拿了一根鱼竿，于是他们分道扬镳了。得到鱼的人在原地用干柴搭起篝火煮起了鱼，他狼吞虎咽，连鱼带汤吃了个精光，不久，他便饿死在空空的鱼篓旁。另一个人则提着鱼竿，忍饥挨饿，一步一步艰难地向海边走去，可当他终于看到那片海洋时，他浑身最后一点力气也使完了，只能撒手人寰。

还有两个饥饿的人，同样得到了长者的恩赐：一根鱼竿和一篓鱼。只是他们并没有各奔东西，而是商定共同去找寻大海。饿的时候，俩人每次只煮一条鱼，经过长途跋涉，他们终于来到了海边。从此，两人开始了以捕鱼为生的日子。几年后，他们盖起了房子，有了各自的家庭、子女，有了自己建造的渔船，过上了幸福的生活。

缺乏合作意识，是当下孩子的通病。在孩子成长的过程中，家长和老师往往会给他们灌输过多的竞争意识，而忽略了教给他们与他人合作的重要性。孩子迟早要走向社会，仅仅学习好、个人能力出色，是远远不够的。他还要学会与人相处，与人建立积极的伙伴关系，拥有与人合作完成任务的能力。调查表明，善于合作的孩子更加乐于分享，因此也更能拥有和谐的人际关系，这对他们的人生发展无疑有着重要的帮助。

作为家长，应该有意识地培养孩子的合作意识，具体的做法是：

1. 鼓励孩子多交朋友，学会与人分享。

一个孤立、自闭的人是无法接受与人合作的，他会更倾向于独自一人默默地工作，而不是享受团体工作的乐趣。因此，要培养孩子的合作精神，家长首先要鼓励孩子多交朋友。

鼓励孩子发现自己与别人之间的共同点，学会与人分享，建立更加牢固的友谊。分享是多种多样的，可以是一种兴趣爱好，可以是彼此的见闻，可以是某个共同的追求，也可以是某种相似的价值观。在分享中，孩子不仅能够收获与人交往的快乐，也能为合作打下良好的基础。要知道，唯有建立在"志同道合"基础上的合作关系，才更为牢固。

2. 鼓励孩子参加合作性娱乐活动，增强合作意识。

在课余时间，家长还可以鼓励孩子参加一些合作性的娱乐活动，例如踢足球、跳皮筋、组乐队、拔河，等等，增加孩子与他人合作的经验，增强孩子的合作意识。

在合作性的娱乐活动中，孩子会初步明白"协作"的道理，他会意识到竞争与合作之间的关系，懂得善于与人进行合作，才能在集体的竞争中获取"团队胜利"。

3. 培养孩子的识人能力，善于发现他人的优势。

良好的合作，要求每个人在团体中发挥自己的智慧和才干。

孩子要学会看到他人身上的长处，这样才能找到合适的合作对象。孩子也要知道自己的长处和弱点，明确自己在合作关系中的位置。举一个简单的例子：孩子要参加一个发明竞赛，他有许多好的创意，只是动手能力不强，无法把想法展现出来。那么他应该想到与人合作的必要性，并且应该明确找一个手工出色的人进行合作，把二人的长处合为一体，做出最完美的作品。

在日常生活中，家长可以有意培养孩子的识人能力，引导他对别人的性格、能力、品德做出尽可能客观、全面的评价，既不要忽视别人的长处，也不要回避别人的弱点。

4. 培养孩子解决矛盾的能力，教孩子学会制定规则。

既然是几个人一起做事，就必然会有思想上的碰撞，因而就会产生争端。孩子需要学会一些简单的矛盾处理方法，解决合作中的冲突，确保合作顺利进行。

按照事先定下的规则处理问题，是解决争端最好的办法。因此，家长要教孩子懂得在合作前制定规则的必要性，例如，提前分配好任务，每个人在负责自己任务的时候，其他人不要过多干涉；集体的问题集体做主，可以采用民主投票的方式，解决彼此不可调和的意见，等等。有了若干次合作的经验，孩子就能发现合作中的更多问题，通过家长的帮助和引导，他们将懂得如何在维持合作关系的前提下，妥善地处理那些问题。

5. 培养孩子"领导"与"被领导"的意识，增强合作能力。

大家一起做事情，总需要有人挑头。因此，教孩子学会"领导"与"被领导"，可以增强孩子与人合作的能力。

作为合作团体中的"领导"，孩子要知道，要想获得团体的拥护和支持，就要善于激发他人的积极性，调动起对方体内的正能量。因此，"领导"要善于传递自信、乐观的态度，并且发挥出色的组织能力，带领大家奋勇向前。

作为团体中"被领导"的成员，孩子要学会服从团体意见，对分配给自己的任务用心负责，主动配合他人工作；也要懂得合理地提出意见，并能虚心接受他人的建议和批评。

俗话说：三个臭皮匠，顶一个诸葛亮。集体的智慧远胜过个人的智慧。懂得与人合作的孩子，将来必定能够取得更大的成就。孩子在成长中学习到的合作经验、吸取的失败教训，都是他一生中最宝贵的财富。

名人语录

谁若与集体脱离，谁的命运就要悲哀。共同的事业、共同的斗争，可以使人们产生忍受一切的力量。

——[苏联]作家　奥斯特·洛夫斯基

能用众力，则无敌于天下矣；能用众智，则无畏于圣人矣。

——[中国]三国时期吴国君主　孙权

单个的人是软弱无力的，就像漂流的鲁滨逊一样，只有同别人在一起，他才能完成许多事业。

——[德国] 哲学家　叔本华

奥斯特·洛夫斯基

忍耐 忍一时风平浪静，退一步海阔天空

忍耐，是一门古老的智慧。无论是东方文化还是西方哲学，几乎都在强调忍耐的必要性。智者认为，冲突无处不在，不仅在人际关系中会有冲突，在人们的内心深处也会产生各种各样的矛盾，唯有懂得忍耐，人们才能与他人、与自己和谐相处。

然而，也有一些人认为忍耐是懦弱、虚伪的表现，会让人变得冷漠、残酷。

无论人们如何看待"忍耐"，在现实生活中，每个人都不可能随心所欲、为所欲为。总有一些时候，我们需要忍住自己的脾气；总有一些时候，忍耐比爆发能够更有效地解决问题。

在实现目标的过程中，忍耐也是一种必需的品质。一个人如果不善于控制自己的情绪和欲望，常常难以顾全大局，最终走向失败。在现实生活中，一个善于忍耐的人，不一定会成功，但一个真正的成功者，却一定善于忍耐。

孩子小的时候，不管做了什么事情，都能轻易获得别人的原谅，但是总有一天他们会长大，那时，如果他们遇事不懂得忍耐，他们就要为自己的行为付出代价。

韩信出门喜欢身佩长剑。一次，在集市上，一个少年侮辱他说："你身佩长剑，你敢杀人吗？如果敢杀就杀我；如果不敢杀我，就从我的两腿之间钻过去。"韩信仔细地打量了那个少年，然后弯下身子，从那少年的两腿之间钻了过去。满街的人都嘲笑韩信，认为他胆小懦弱。

后来，韩信被任命为汉高祖刘邦手下的大将军，他将那个曾经侮辱过自己的少年召到跟前，对众人说："这个人，当年他侮辱我，我难道不能杀他吗？但杀他没有理由，所以我忍了下来，所以我才能取得今天的成就。"韩信又转身对那个人说："你过去欺辱过我，现在还敢欺辱我吗？"那人赶忙求韩信饶命，韩信赦免了他，并封他校官之职。

这里并不建议家长从小就教孩子懂得"忍耐"，孩子太小时，可能无法领会这门古老的智慧。在孩子十岁以前，家长可以训练孩子与忍耐相关的能力，例如同情心、宽容、责任感、自律能力等，但不要过分强求他们在现实生活中处处忍耐。

事实上，忍耐并不意味着放弃个性、改变自己，或者假意迎合他人。只要掌握了必要的原则和方法，一个人是可以在坚持自己的前提下，减少冲突造成的危害。那么，家长应该如何培养孩子对人对事的忍耐能力呢？

1. 教孩子管理愤怒情绪，是培养孩子忍耐能力的前提。

别说是孩子，就连大人，也很容易被自己的情绪所绑架。愤怒是一种极其负面的情绪，当一个人被愤怒所控制，他可能会做出一些毫无理智的事情，有许多人在愤怒之后都表示悔恨，因为愤怒使他们变得愚蠢。

家长可以教孩子一些控制愤怒的方法，例如深呼吸、数数等自我镇静法，想一些好的事情、看风景等注意力转移法，打枕头、握拳头等间接宣泄法，也可以教他在事后找人倾诉。通过每一次有意识的练习，久而久之，孩子就不会被愤怒的情绪所左右，他便会更理智、更儒雅。

2. 培养孩子树立原则意识，用忍耐积蓄正能量。

每个人都有自己为人处世的原则，知道什么是对的、什么是错的，什么该做、什么不该做。家长要教孩子懂得用原则约束自己，不要在乎别人的做法、看法，要以完善自己为最终目标，坚持做正确的事情。

在受了委屈、被别人误会的时候，孩子要明白，忍耐并不是软弱。在许多时候，我们无法控制别人的思想，只能完善我们自己的行为。

要让孩子明白，在现实生活中，我们不可能得到所有人的理解和支持。只要坚信自己所做的事情是正确的，这份正能量就会得到积蓄，并最终汇聚成一股强大的力量让自己变得更好、更强。

一个毫无原则忍耐的人，常常会被当成弱者；一个喜欢事后报复的人，更会被定义成小人。只有在忍耐、控制自己的前提下，敢于用理性捍卫自己的权益，有礼有节地反抗，才会受到他人的尊重。

在《忍耐就是力量》一书中，星云大师写道："幼儿以啼哭为力，然而一旦流出眼泪，力气也耗尽了；妇女以娇媚为力，然而一旦使出娇媚，气势也消失了；莽夫以拳头为力，然而一旦伸出拳头，正气也瓦解了。"

中国有句俗语："忍一时风平浪静，退一步海阔天空。"一个真正强大的人，不会让自己的力量消耗在无谓的宣泄上。唯有懂得以忍耐为力，难行能行，难忍能忍，才能终成大器。

名人语录

忍耐是痛的，但是它的结果是甜蜜的。

——[法国]思想家　卢梭

忍让非懦弱，自大终糊涂。

——[中国]清代学者　王永彬

忍耐和时间，往往比力量和愤怒更有效。

——[法国]作家　拉·封丹

能忍耐的人才能达到他所希望达到的目的。

——[美国]政治家　富兰克林

忍耐是对一切困难的最好治疗。

——[古罗马]戏剧作家　普拉图斯

富兰克林

踏实 脚踏实地，眺望前方

"台阶是一层一层筑起的，目前的现实是未来理想的基础。只想将来，不从近处现实着手，就没有基础，就会流于幻想。"我国著名教育家徐特立曾经这样说。

当今的社会是一个高速发展的社会，人们的生活节奏越来越快，浮躁情绪越来越多。眼高手低，喜欢说大话、想大事的人比比皆是，真正脚踏实地的人却越来越少。

一个浮躁的人，容易变得焦虑不安、急功近利，最终失去方向。一个人能否取得成功，不在于起点的高低，也不在于他拥有多少聪明才智，而在于凡事是否能以求真务实、脚踏实地的态度去做。

钟表店里有两座钟。有一天，一座老钟对一座新来的小钟说："知道吗？接下来的一年里，你要摆31536000下。"小钟吓坏了，惊叹道："哇，这么多，这怎么可能？我怎么能摆到那么多下呢！"这时候，另一座老钟笑着说："不用怕，你只需一秒钟摆一下，每一秒都坚持下来就可以了。"小钟心里想着：一秒钟摆一下，好像并不难啊，试试看吧！它高兴了起来，果然，很轻松地就摆了一下。

不知不觉，两三年过去了，小钟摆动的次数已经远远超过了31536000下。

孩子的未来有无限的希望。然而，越是高远的理想，往往也越模糊，孩子倘若不能脚踏实地，一步一步朝着自己的目标前进，那他很可能会在懵懵懂懂中迷失方向。因此，培养孩子脚踏实地的精神，对他的人生发展具有重要的意义。

那么，家长应该如何教导孩子无论做任何事情，都要脚踏实地、一往无前呢？

1. 彻底解决眼前的问题，是成就大事业的前提。

孩子的人生目标往往遥远而不确定，家长要让孩子明白，与其停留在对远大目标的向往上，不如踏踏实实地为眼前的事情付出努力。

孩子在学校里，最大的任务是学习，与其费心猜想自己未来的事业会是什么，不如专心致志地对待每一门具体的学科。在学习之外，孩子也需要处理其他的事情，例如发展兴趣爱好、帮助别人解决问题、组织娱乐活动，等等。面对每一件具体的事情，孩子都要以踏实、认真的态度去对待，唯有这样，才能发挥自己最大的潜能，发现自己的兴趣与优势，找到最适合自己的发展方向。

2. 培养孩子良好的时间观念，每天完成一个目标。

家长要培养孩子树立良好的时间观念，并且教孩子学会为理想制订计划，将大目标分解成若干个小目标，做到每一天都有计划可依，每一天都有目标可以达成。

让孩子每天完成一个目标，是一个行之有效的方法。例如，孩子兴致盎然地说想要当一个画家，家长可以为他做出规划，每天花半个小时画一幅画。这种可以在短时间内达到的目标，可以将缥缈的理想转化为现实的目标，让孩子每天都看到自己的进步。这样一天天、一年年积累下来，还有什么样的目标不能实现呢？

3. 避免自欺欺人，不要希冀一步登天。

做到不欺骗别人容易，不欺骗自己却很难。成功的果实是甜美的，许多人站在原地，希望果实从天而降。然而，天上不会掉馅饼。机遇对于每个人来说都是公平的，家长应该教孩子懂得这一点：唯有自己付出努力，才有可能取得成功。

所谓"天赐良机"，并不在于机会的有无，而在于一个人是否努力去寻找、善于去把握。家长应该教育孩子，做任何事情都不能投机取巧、耍小聪明，不能心存侥幸，更不要希冀一步登天。一个人唯有看清现实，接受现实，下定决心、付出辛劳，才能遇到所谓的机遇。

有了前方，才有脚下的路；有了脚下的路，前方才可以到达。在人生的道路上，孩子既要学会脚踏实地，也要学会眺望前方。当他在中途停下来歇脚时，朝终点望一望，看到离目标越来越近所带来的满足感，将会转化成无形的正能量，激励他勇敢前行。

名人语录

如果你想攀登高峰，切莫把彩虹当作梯子。

——[中国]诗人　徐志摩

我们对真理所能表示的最大崇拜，就是要脚踏实地地去履行它。

——[美国]作家　爱默生

我们一步一步走下去，踏踏实实地走下去，永不抗拒生命交给我们的重负，才是勇者。到了蓦然回首的那一瞬间，生命必然给我们公平的答案和又一次乍喜的心情，那时的山和水，又回复了是山是水，而人生已然走过，是多么美好的一个秋天。

——[中国台湾]作家　三毛

徐志摩